¿Qué son los Carismas?

JOSÉ JUAN VALDEZ, MA.

IMPRIMATUR Y NIHIL OBSTAT en proceso por la Cancillería de la Arquidiócesis de Galveston-Houston.

DEDICATORIA

A Dios, quien me ha permitido experimentar su amor y su fidelidad de una forma tan especial a través de la Renovación Carismática y de ser testigo de las maravillas que sigue obrando en muchas personas que se abren a la acción poderosa del Espíritu Santo con el corazón lleno de fe y los ojos puestos en su misericordia sin límites.

A mi esposa Alba Iris, a mis hijos Natalia, Diego y Emilio por todo su apoyo, su cariño, por ser reflejo de la ternura de Dios en mi vida, por el sin número de horas que ha tomado poner esto en conjunto y que ellos han tenido que ofrecer ese tiempo a Dios; porque son mi vocación, mi don y mi razón de todo lo que hago para mi Dios y su pueblo.

A mis padres Eleazar y Teresa, por su amor, su entrega, su sencillez, cada lágrima y cada gota de sudor, por su apoyo al ministerio que Dios por misericordia me ha encomendado.

ÍNDICE

Dedicatoria	3
Índice	5
Introducción	7
I - ¿Qué son los Carismas?	15
1. Definición	17
II - División y Sistematización de los Carismas	23
III - Los Carismas en la Sagrada Escritura	27
1. Antiguo Testamento	27
2. Nuevo Testamento	30
IV - Reflexión Exegética y Pastoral sobre 1 Cor 12, 1-11	35
V - Los Carismas en la Iglesia	53
1. La Realidad de Pentecostés en la Iglesia Primitiva	55
2. Los Carismas en la Época Patrística	56
3. Los Carismas a través de los Siglos	60
VI - Los Carismas en el Magisterio de la Iglesia	63
1. Magisterio y Carismas en Nuestros Días	63
2. Carisma y Jerarquía al Servicio de la Comunión	66
VII - Discerniendo los Carismas	71
1. El Discernimiento	76
2. Los Carismas y algunos problemas	81
3. Discerniendo los Dones del Espíritu Santo	87
Conclusión	99
Anexos	101
Bibliografía	103

INTRODUCCIÓN

Hola otra vez y bienvenido(a) a un mundo que va más allá de nuestros sentidos y nuestra razón. Quiero comenzar esta nueva aventura de compartir lo que el Señor ha hecho, hace y seguirá haciendo en y a través de nosotros, adentrándome junto contigo al mundo maravilloso, sobrenatural, sorprendente y transformador de Dios todopoderoso, Señor de todo cuanto existe, te doy la bienvenida al mundo de los Carismas.

Es sin lugar a dudas, un gran reto para mí presentar de una manera clara, sencilla, pero substancial y bien fundada esta realidad o realidades siempre presentes de la acción salvadora, redentora, santificadora de Dios con su pueblo. Comencemos afirmando que la negación de que Dios actúa poderosamente obrando milagros en medio de su pueblo, así sea presentados como "signos," muy a la manera del evangelio de Juan, y de otras realidades más profundas, podría llevarnos a la negación de toda realidad sobrenatural (una clase de pelagianismo moderno); toda acción que está más allá de nuestras capacidades y con esto pasar como consecuencia a la misma negación de la existencia y esencia Divina. Sin embargo, a través de los siglos hemos constatado una y otra vez, que la acción de Dios es real y en sí misma soporta muchos de los supuestos lógicos; que su presencia es viva y actuante en medio de nosotros.

La finalidad de este libro es presentar ¿Qué son los CARISMAS?, ¿De dónde provienen?, ¿Cuál es su finalidad?, ¿Cuántos hay? ¿Cómo se dividen?, y algunos otros aspectos referentes a estos.

Aunque mencionaremos varios textos bíblicos, presentaremos de una manera más amplia lo que se nos narra en el texto de 1 Corintios 12, 1-11; analizándolo desde su parte bíblica y pastoral. Encontrarás conmigo el maravilloso mundo de la acción de Dios y la tremenda generosidad que tiene al compartirnos de estas gracias extraordinarias.

Hasta hace un poco más de cuarenta años, pocos o casi nadie usaba los términos carismas o carismático en los diferentes medios incluyendo el eclesial, por lo sucedido entre finales del siglo II al IV con el Montanismo[1], desde entonces la Iglesia por precaución progresivamente se lo fue reservando hasta casi anularlo. Fue a partir y tal vez un poco antes del mismo Concilio Vaticano II, que estos términos han invadido todos los campos o medios: eclesiástico, civil, artístico, político, deportivo, etc. En el ambiente eclesiológico se habla de manera analógica de vivir el carisma de los orígenes, de un papa carismático, de políticos con carisma, de deportistas y de cantantes carismáticos, etc.

En los albores del tercer milenio parece "muy normal", el hablar de carismas, y mucho de esto se debe gracias a una corriente renovadora en la Iglesia que ha traído (recuperado) de un "olvido" al menos parcial, estas realidades siempre presentes que por la acción del Espíritu Santo se manifiestan como un "pentecostés constante o **continuado**" que no solo sostiene a la Iglesia, sino que la impulsa

[1] El montanismo, creencia herética; conocidos primero como frigios o como "aquellos entre los Frigios" (oi kata Phrygas), después como montanistas, pepucianos y (en occidente) catafrigios. Recibe ese nombre de su fundador, Montano, quien había sido sacerdote pagano hasta su conversión alrededor del año 155. Algún tiempo después, Montano comenzó a profetizar, diciendo que había sido poseído por el E Espíritu Santo. Pronto se le unieron dos mujeres, Priscila y Maximila. Se llamó a sí misma nueva profecía y se caracterizaba por una vida moral más rigurosa además de inclinarse mucho por el mensaje escatológico: la vuelta del Señor era inminente y con ella empezaría, "en la llanura junto a la pequeña ciudad de Pepuza", la Jerusalén celestial.

con maneras siempre nuevas a la reunión escatológica con un deseo gozoso de alcanzar las promesas eternas, mientras a coro nos unimos a las Palabras del Apocalipsis para entonar de una manera suave, llena de paz y esperanza: *"Marahnata, Amén. Ven, Señor Jesús."*

Respecto a la afirmación que encontramos en 1 Cor. 12, 1: **"En cuanto a los dones espirituales, no quiero hermanos, que estéis en la ignorancia"** es, sin duda en nuestros días como para San Pablo respecto a la comunidad de los Corintios, una inquietud siempre actual; pues por un lado, tenemos a aquellos que se dicen carismáticos y muchas veces no sabemos dar razón de estos; y por otro lado hay muchos también que muchas veces sin fundamentos sólidos emiten juicios rechazándolos o señalando *"A Priori"* que solo fueron reales al comienzo de la Iglesia y no precisamente en el sentido que se experimentan en nuestros días. O como lo señala P. Philippe, o.s.b. en su libro "Los Carismas" (Segunda Parte): *"Como siempre la verdad se sitúa en el justo medio entre los que ignoran o rechazan y los que se lanzan en la vida carismática sin discernimiento."* Se ha ido tan lejos en esta ignorancia por una u otra razón que respecto a los carismas que el mismo término "Carismático" se ha vuelto sospechoso. De ahí el motivo por el que comparto con ustedes este trabajo que ahora pongo en sus manos; porque si bien el término es muy común ahora, hay muchos que aún no tienen claro a qué nos referimos cuando hablamos de estos. Por lo tanto, tampoco nosotros deberíamos estar en la ignorancia en cuanto se refiere a los carismas. Todos deberíamos tener, antes de emitir cualquier juicio positivo o negativo, una idea clara de qué son los carismas y el lugar que ocupan en la vida cristiana y en la de cada fiel en particular, saber en qué consisten y darles la importancia que merecen; como ya lo han dicho algunos que han reflexionado al respecto: *"Ni sobrevalorarlos, ni pasarlos por alto, ni hacer depender toda la vida de ellos, ni vivir como si no existieran, ni buscarlos con ansiedad, ni despreciarlos como cosas sin valor e* *intrascendentes."*

Es pues muy importante, aclarar algunos malentendidos, desenmascarar, por así decirlo, algunas ambigüedades, pero sobre todo esto, mostrar que la vida carismática debe ser algo "normal" en nuestra Iglesia. Entonces, manos a la obra, profundicemos respecto a los carismas. Sin olvidar en ningún momento que el mayor de los dones es el Espíritu Santo, el DON supremo que Dios nos ha concedido a los hombres, que EL es el manantial de dónde brotan todas las gracias. Pues, *"Quien se quede sólo con los carismas terminará por perder al Espíritu."* Ningún carisma puede ser pasado por alto, despreciado o menos-valorado, por pequeño que parezca ante nuestros ojos. Es una gracia infinita del Espíritu y un signo de su presencia y de su acción en medio de nosotros. Como ya lo mencionaba, para la mayoría ha sido una sorpresa oír hablar de carismas. Es algo a lo que no estábamos acostumbrados. Es como una realidad nueva que ha sido insertada en nuestra vieja y en ocasiones gastada vida cristiana. La formación cristiana que hemos recibido ha sido, con frecuencia, muy austera; más basada en la moral y en el esfuerzo personal. Una religión que muchas veces se enfoca en las obligaciones, de lo que hay que hacer, de áscesis y del dominio propio. Una religión que enfatiza el esfuerzo humano[2], el cual no abarca de ningún modo toda nuestra vida cristiana. Puede producir hombres esforzados, pero cada derrota se convierte en amargura. La verdadera religión acentúa la iniciativa divina, el don sobre la exigencia, la gracia sobre la ley, la mística sobre la ascética, lo que Dios ha hecho por encima de lo que nosotros podemos o debemos hacer. Enseña a voltear a ver a Dios antes que al propio yo. Pero, de repente, el Espíritu nos ha descubierto que en

---

[2] Lo afirmará claramente una y otra vez San Pablo en varias de sus cartas tratando de refutar a los cristianos judaizantes que se metían en las comunidades fundadas por el o por alguno de sus discípulos casi contraponiendo la ley de Moisés, basada en el esfuerzo a la ley del Espíritu, basada en la gracia, en la acción de Dios en nosotros y por nosotros.

nosotros hay un potencial de gracia que lo teníamos en "el olvido," o al menos "guardadito", como un tesoro que yacía debajo de nuestra mesa, como un montón de pozos de petróleo debajo de nuestro rancho. Estaban allí, pero nunca los habíamos utilizado. Como lo menciona J. Villaroel:

> *"Lo hemos hecho todo desde nuestra preparación, desde nuestros esfuerzos y desde nuestros proyectos. Y, sin embargo, teníamos en la reserva un carisma de Dios, una gracia para hacer todo lo que teníamos que hacer. ¡Una gracia de Dios para movernos por todos los terrenos de nuestra vida!"*

El Espíritu, que jamás ha abandonado a la Iglesia, está haciendo un despliegue de gracias en nuestros días: gracias para mí, gracias para ti, gracias para todos. Por otro lado como lo menciona el padre Tomas Forres en su libro "Dones Carismáticos para la Iglesia" en el cual cita textualmente al Papa Juan XXIII durante la primera sesión del Concilio Vaticano II: *"Para mí el peligro número uno en la Iglesia, es el nuevo pelagianismo"*, a esta afirmación el padre Forrest nos afirma que él sigue pensando que el pelagianismo es la herejía número uno en la iglesia de hoy y continua:

> *"La definición que leí y recuerdo es 'un negar lo sobrenatural'. Todo aquí en la tierra es natural, todo aquí en la tierra lo hace el hombre. Dios creo el mundo y lo dejo y ya no interviene. Es negar hasta la existencia del pecado original; es proclamar que dentro del hombre hay una perfección y el hombre solamente debe buscar la manera de liberar, soltar y experimentar esa perfección contenida en su ser, que en el momento está escondida. Es negar la existencia de un Salvador verdadero, vivo y actuante en nuestra vida, pues el hombre se salva a sí mismo."*

La renovación y los carismas son sin lugar a dudas un frente firme y activo ante este nuevo pelagianismo. Estamos proclamando que la vida cristiana es sobrenatural, es decir, sobrepasa todas las capacidades humanas.

Es por eso que el objetivo de este libro es el despertar a los cristianos de cualquier condición, de cualquier ministerio, movimiento u apostolado, su apertura a la acción de Dios, al Espíritu Santo, a los carismas que Dios lleno de bondad sigue regalando hoy.

Así pues, en este libro encontrarás lo siguiente:

En el primer capítulo y atendiendo a mi idea que es bueno tener claro algunos conceptos de lo que estamos hablando para de ahí construir todo lo demás que deseamos presentar respecto a los carismas. En el segundo capítulo me ha parecido bien presentar una división o sistematización de los carismas que nos ayudará como a tener una mapa general (no exhaustivo) del sin número de carismas que Dios derrama por el poder de su Espíritu Santo. En el tercer capítulo daremos un repaso al tema de los carismas en la Sagrada Escritura, presentaremos algunos textos que se refieren a estos; tanto en el Antiguo Testamento como en el Nuevo. En el cuarto capítulo nos enfocaremos concretamente en el texto de 1 Cor 12, 1-12 para hacer un análisis exegético-pastoral de este pasaje tan importante en el tema de los carismas. El quinto capítulo trata acerca de los Carismas en la Historia de la Iglesia, desde el inicio y al pasar de los siglos, cómo a pesar del daño de la herejía montanista esto no desapareció del todo, sino que estaban ahí como lo atestiguan algunos padres apostólicos, padres de la Iglesia y la vida de muchos santos. El capítulo sexto, como a manera de continuación del anterior presenta los carismas en el Magisterio de la Iglesia desde una perspectiva más actual. El séptimo y último capítulo trataremos un tema que no puede faltar cuando hablamos de los carismas, me refiero al discernimiento de estos y la presentación de algunos criterios generales para desarrollar este proceso. Así que, tienes delante de ti esta herramienta que te ayudará no solo a comprender más el tema de los carismas, sino, y es mi esperanza, a abrir tu corazón a estos.

Hermano(a) la promesa realmente es para ti y para mí, y la promesa es siempre presente y se hace realidad cuando abriendo tu corazón, con una fe profunda, te abandonas a la presencia real y actuante del Espíritu de Dios. De ahí la riqueza de la Renovación Carismática y de aquel grupo de Duquesne, Pittsburg que re-descubriendo el hilo de las primeras comunidades cristianas en el libro de Hechos de los Apóstoles, comenzó a invocar a una voz "VEN ESPÍRITU SANTO". Y que al paso de las décadas ha desencadenado esta corriente de gracia ahora presente ya en muchos otros movimientos laicales y clericales que han producido en la Iglesia y en el mundo un frescor, una nueva primavera, como lo mencionó más de una vez el Papa Benedicto XVI.

Y porque esto no es solo teoría; te invito que al ir leyendo este libro, te abras a esta promesa y que implores con fe y devoción esta presencia para ti, para tu comunidad, para tu ministerio, para tu parroquia, para la Iglesia y para toda la humanidad, la presencia actuante y santificadora del Espíritu Santo, atrévete, estoy seguro que Dios te sorprenderá... ¡Bienvenido una vez más!

CAPÍTULO

I

¿QUÉ SON LOS CARISMAS?

Debemos comenzar este libro hablando de un **Dios dador**, que da, que regala, que provee, que cuida, que está siempre atento a las necesidades de su pueblo, de un Dios fiel. Y nos remontamos a la creación donde confiere la existencia a los seres como un regalo, como una opción participativa llena de amor y bondad. *"En el principio, cuando Dios creó los cielos y la tierra todo era confusión y no había nada en la tierra... Dijo Dios..."*[3] La Biblia abre el telón de la Historia de la Salvación resaltando el poder y la bondad de Dios. Después de la creación del hombre, Dios le da (regala) al hombre, Adán una mujer como lo narra el segundo relato de la creación[4], finalmente tanto al hombre y a la mujer les regala la creación entera. Podemos enfocar nuestros ojos y nuestro corazón en el Salmo 8 para entender este desdoblamiento de amor profundo de Dios por nosotros:

> *"Señor que es el hombre para que te acuerdes de él... lo coronaste de gloria y esplendor,* **le has dado** *el mando sobre las obras de tus manos,* **tú lo has puesto todo bajo sus pies..."*[5]

Pero el plan perfecto y armonioso de Dios se ve truncado con la desobediencia y el pecado de nuestros primeros padres, Adán y Eva.

[3] Génesis 1, 1-2.
[4] Génesis 2, 4bss El relato Yahvista.
[5] Salmo 8, 1; 6-7.

Sin embargo, "Dios siempre bueno y clemente no nos abandona y nos promete un Salvador y esto lo encontramos en el proto-evangelio, la primer Buena Nueva.[6] La Historia de la humanidad sigue en una serie de altibajos respecto a su relación y dependencia con este Dios fiel que se revela, se le va dando a conocer progresivamente. Por tal razón, para cumplir sus promesas nos regala a los Patriarcas: Abraham, Isaac y Jacob (Israel), José. Es con Moisés y el pueblo que se ha formado con quienes inicia su Alianza que alcanzará para con toda la humanidad. En entorno a este pueblo, que se reunirán todas las naciones de la tierra para alcanzar la gracia de Dios. Provee a su pueblo con Jueces (intercesores), Profetas y Reyes para encaminarlos hacia la "Plenitud de los Tiempos" y puesto que Dios siempre cumple sus promesas, en los 'últimos tiempos: *"envió Dios a su hijo, nacido de una mujer, nacido bajo la ley, para rescatar a los que estábamos bajo la ley para que así recibiéramos nuestro derecho como hijos"*[7]

De esta manera nos viene la gracia más grande, el mismísimo Dios *"Se hizo carne y habitó entre nosotros."*[8] Jesús mismo se da, se entrega a sí mismo. Al voltear a ver a la persona de Jesús en el Evangelio nos damos cuenta de la bondad y generosidad del **Emmanuel "Dios con nosotros".** Pero, cabe destacar que, **la mayor expresión del amor la encontramos en la cruz,** muchísimos místicos, teólogos, pensadores, etc., han tratado de describir este amor pasional, extremo, sin límites, quedando siempre las palabras, el lenguaje queda siempre corto respecto a Aquel que está más allá de todo. Finalmente, y para cumplir su promesa, después de subir al cielo, derrama sobre los reunidos en el Cenáculo un don (regalo) más, el Espíritu Santo... y de ahí proceden todos los demás regalos que iremos tratando a lo largo de estos capítulos.

---

[6] Génesis 3,15
[7] Gálatas 4, 4-5.
[8] Juan 1, 14a

1. **Definición.**

Si nuestro objetivo es el de despertarnos a los carismas, es muy conveniente saber bien el significado de este término.

Viene del vocablo griego "**Jaris–istos**". **Significa; Gracia,** atractivo, encanto, belleza, hermosura, elegancia. Si le agregamos la terminación **"Ma"** es decir, **"Jarisma–atos" significa; gracia divina, don divino.** En sentido estricto de la palabra, **"Carisma es un don gratuito concedido a una persona concreta, que le permite realizar, por el Espíritu Santo, acciones destinadas al bien de la comunidad".**[9] El padre Salvador Carrillo Alday en su artículo *Los Carismas del Espíritu para la Construcción de la comunidad* afirma que:

> *"Los carismas no son, por tanto, solo aptitudes o capacidades naturales, sino dones que el Espíritu Santo comunica o hace surgir en cada miembro del cuerpo de Cristo para que cada uno sirva al cuerpo total. Estos son innumerables, tan abundante como la comunidad tenga necesidad para ser construida; son de variada importancia, según sirvan más o menos a la edificación de la Iglesia."*

Hace apenas unos meses mientras participaba en un taller de líderes de la RCC Hispana en New York impartida por el ICCRS, escuche que atendiendo a las raíces del griego, el verbo le da un significado más profundo y rico a nuestro entendimiento respecto a los carismas. El verbo mencionado es **"Jarizomai"** y que se refiere a "hacer un bien, algo agradable al otro", algo así como hacer un favor a alguien más, y esto se conecta de alguna manera en el contexto del pasaje sobre los carismas de San Pablo a los Corintios , capítulos 12-

---
[9] X. León – Dufour, Diccionario del Nuevo Testamento, Ed. Cristiandad, Madrid España, 1977

14. ¿Cómo vamos a hacer este bien o este favor? Ahí entra el discurso del capítulo 13 de la Carta a los Corintios, esto sucede cuando tenemos amor. En este sentido el más importante de los todos los carismas es el AMOR, cuando Dios nos habilita con otro(s) carismas el amor siempre será parte del paquete para que los otros tengan sentido en la práctica.

La palabra **CARISMA** no es un término común fuera del Nuevo Testamento. Pero, al menos una vez, el término es utilizado con un sentido muy interesante. A saber, un hombre típico del primer siglo podía hacer una clasificación de sus posesiones y las distribuía en dos grupos: las que obtuvo, dice el texto griego, "**apo-agorisis**", **es decir, por compra**, y las que obtuvo "**apo-jarísmatos**", **es decir, por donación**. La idea básica del término carisma es ésta: se trata de algo gratuito, de algo que no se ha ganado con el propio esfuerzo, de algo que llega como un regalo y que no está al alcance de las posibilidades ni del esfuerzo del hombre.

Carisma significa, pues, don, regalo, merced, donación, obsequio, presente, donativo, dádiva. Charis o Jaris (gracia) y Dorón (don) son, pues, dos términos que pueden expresar de alguna manera la misma realidad. El padre Tomas Forrest afirma que: *El Espíritu Santo da carismas que nos permiten obrar y hacer lo que parecía imposible.* En su diversidad y riqueza en la misma Sagrada Escritura encontramos varias listas de carismas, cada uno de los cuales son distintos y personalizados. *"Son poderes y capacidades que el Espíritu Santo distribuye según quiere.*

Por otro lado, cuando hablamos de carisma o carismas, siempre se ha entendido el término paulino de "gracias especiales (llamadas "carismas") mediante las cuales los fieles quedan *"preparados y dispuestos a asumir diversas tareas o ministerios que contribuyen a renovar y construir más y más la Iglesia."*[10] Por lo tanto, ya sean

---
[10] Cf. Lumen Gentium 12; cf. AA 3.

extraordinarios o sencillos y humildes, los carismas son **gracias del Espíritu Santo**, que tienen directa o indirectamente, una **utilidad eclesial**; los carismas están ordenados a la edificación de la Iglesia, al bien de los hombres y a las **necesidades del mundo**. Por tanto, un carisma es una **gracia especial que el Espíritu Santo dona para el bien de la Iglesia**. No existe una clasificación estricta de carismas y así los hay de diversos tipos. Pero los elementos esenciales que los conforman serán siempre los dos siguientes: **provienen del Espíritu Santo y se dan para la edificación de la Iglesia.**

En Romanos 6, 23 encontramos otra ilustración interesante del término, reflexionando sobre este texto: *"Pues el salario del pecado es la muerte; pero el don gratuito (carisma) de Dios es la vida eterna con Cristo Jesús Señor nuestro,"* el Padre Vicente Borragán O.P. afirma:

> *"El término que utiliza san Pablo para describir la paga de los pecados es "oxonia"; "oxonion" viene del verbo ox-oneo que quiere decir, aquello que es comprado para ser comido con pan, carnes, platos; pero en segundo lugar significa* **la paga o el "estipendium"**, *sobre todo de los soldados, pero también de los obreros, que se pagaba en alimentos, en carnes, en sal, o en dinero. Pero el termino carisma también tenía un trasfondo militar particular o se podía usar desde esa realidad. Cuando un emperador subía al trono o celebraba su cumpleaños daba a sus soldados un* **donativum o carisma**, *es decir,* **les regalaba cierta cantidad de dinero**. *Ellos no lo habían ganado, como sucedía con su oxonia; lo recibían por la generosidad del emperador"*[11]

Lo que dice san Pablo a los Romanos es estremecedor: si hubiéramos recibido la paga que merecíamos, ésta hubiera sido la

---
[11] Cf. Borragán Vicente, *Ríos de Agua Viva*, Ed. San Pablo. Madrid, 1998

muerte. Todo lo que hemos ganado ha sido un salario de muerte. Pero el carisma, el don o la dádiva de Dios es la vida eterna. Todo lo que tenemos es gracia, es regalo de Dios. Todas las gracias que hemos recibido, todas las promesas, todos los dones, todas son regalo de Dios. Como decía San Juan Crisóstomo: *"Estamos sumergidos en un océano de carismas."* Es decir, en un sentido amplio, **todo es carisma, todo es bendición, todo es gracia, todo es presencia del Espíritu.**[12]

A diferencia de los sacramentos, los carismas, como lo afirma Francis Sullivan (teólogo de la Gregoriana de Roma) es que, los carismas no son automáticos, como un 'switch' para prender la luz, de hecho ahí radica la diferencia entre un carisma y un sacramento: solo debo hacer el rito correcto, uniendo la forma correcta, con la materia correcta, y el sacramento comienza a funcionar en toda su eficacia; si se pone el agua sobre el neófito y se dicen las palabras del bautismo, este neófito (niño o adulto) está siendo bautizado, está siendo hecho miembro del cuerpo de Cristo, está ingresando a la Iglesia automáticamente. No así, con los carismas y el padre Tomas Forrest cita un ejemplo:

> *"Si estoy orando por un enfermo, aunque el Señor me haya concedido y actualmente tenga el don de Sanación, esa oración de sanación que hago no siempre es automática porque siempre actúo como instrumento a disposición de Dios, y El mantiene sus misterios en estos carismas"*

Esta realidad la experimentaba el Padre Emiliano Tardiff, tan reconocido por su carisma para orar por sanación, cuando le preguntaban por qué algunos enfermos no se sanaban si tenían una fe tan grande y una disposición interna profunda, a lo que el respondía:

---
12 Ibid.

"cuando llegue al cielo esa es la primer pregunta que le quiero hacer a Dios." Entonces, el carisma no es como un 'switch', si fuera así, un solo hombre que tuviera el don de sanación podría terminar con todas las enfermedades en el mundo. Por tal, los carismas permanecen en ese gran misterio de Dios, la manera como Dios actúa en referencia a estos sigue estando a la disposición del mismo Dios, *"nadie sabe de dónde viene, ni a donde va"*.

Para concluir este capítulo me uno a lo que nos presenta el Mons. Alfonso Hinojosa en su librito "Los Dones Carismáticos:" dónde señala que los carismas son regalos propios del Espíritu Santo que el Padre y el Hijo infunden en nosotros; el Espíritu Santo es el DON fundamental y máximo, por el cual es Dios mismo el que se nos da, es nuestro, habita en nosotros y produce en nosotros todas las demás maravillas que comprenden la vida nueva.

CAPÍTULO

II

DIVISIÓN O SISTEMATIZACIÓN DE LOS CARISMAS

Tanto el padre Salvador Carrillo Alday como muchos otros autores han querido de alguna manera organizar, dividir o sistematizar los carismas con la finalidad de entenderlos mejor, tal vez se facilite su comprensión sobre todo para aquellos para los que las estructuras son importantes para el proceso de aprendizaje; por estos he querido agregar de alguna manera esta división u organización de los carismas. El padre Alday señala que una sistematización rígida de estos sería inadecuada al final del día. Pues por un lado, la imagen puede iluminar el hecho,

> *"así como en los colores del arco iris unos son bien definidos, pero todos resultan de la fusión de los colores firmes; de manera semejante sucede en los carismas. Unos son precisos y pueden clasificarse bajo un solo apartado; otros, en cambio, por razón de su riqueza, presentan notas variadas que les permiten ser colocados en dos o más apartados."*

Por otro lado hemos afirmado con toda certeza que cualquier clasificación dejaría fuera muchos de estos ya que los carismas son innumerables SIN-CUENTA. Por tal, razón y aunque puede haber otras maneras de clasificarlos y algunos carismas que no hemos incluido sirva como ejemplo y de apoyo:

l. Carismas de ''Apostolado", "Enseñanza", "Gobierno".

- Apóstoles: 1 Cor 12,28; Ef 4,11.
- Profetas: 1 Cor 12,28; Ef 4,11.
- Pastores: Ef 4,]1; Hech 20,28. Maestros: 1 Cor 12,28; Rm 12,7; Ef 4,11.
- Evangelistas: Ef 4,11; Hech 21,8.
- Epíscopos, presbíteros, diáconos: Hech 14,23; 15,2; 20,17.28; Flp 1,1; Tito 1,5.
- Diferentes Diaconías: Hech 6,1-6; Rm 12,7; Ef 4,12; IPe 4,11.

2. Carismas de Conocimiento y de Palabra.

- Palabra de profecía: 1 Cor 12,10; Rm 12,6.
- Palabra de sabiduría: I Cor 12,8.
- Palabra de conocimiento (Ciencia): 1 Cor 12,8.
- Revelaciones: 1 Cor 14,26.
- Penetración de misterios: 1 Cor 13,2.
- Visiones: Hech 2,17; 9, 3,17.
- Discernimiento: 1 Cor 12,10; 14,29.
- Xenoglosia: Hech 2,6.11; Mc 16,17.
- Lenguas (Glosolalia): 1 Cor 12,10.29: Hech 10,46; 19,6.
- Interpretación de lenguas: 1 Cor 12.10.30.

3. Carismas de Servicio.

- Funciones administrativas: 1 Cor 12,28.
- Presidir: Rm 12,8.
- Asistencia en las necesidades: 1 Cor 12,28.
- Exhortar: Rm 12,8.
- Obras de misericordia: Rm 12,8.
- Distribución de los propios bienes: 1 Cor 13,3.
- Entrega de la propia vida: 1 Cor 13,3.

4. Carismas de Poder.

- Fe: Hech 14,9; 1 Cor 12,9.
- Curaciones: Mc 16,18; 1 Cor 12,9.28.
- Obras de poder: Hech 4,30; 1 Cor 12,10.28.
- Exorcismos: Mc 16,17.

5. Carismas de Estado de Vida.

- Matrimonio: 1 Cor 7,7.
- Celibato, virginidad, soltería consagrada: 1 Cor 7, 7.34.

P. Philippe, o.s.b., afirma que contamos con varias listas de carismas sobre todo en los textos de 1 Co 12; Rom 12, 3-9; Ef 4, 9-13 y 1 Pe 4, 10-11 y cada una de estas listas nos hablan de la diversidad extrema, pues nos damos cuenta que no sólo existen los carismas extraordinarios como el don de hacer milagros, sino también toda una lista de carismas ordinarios, común y corrientes los cuales, también y en cada momento manifiestan el poder, el amor y la predilección de Dios por su pueblo.

CAPÍTULO
III

LOS CARISMAS EN LA SAGRADA ESCRITURA

En este capítulo una vez más sin pretender agotar o abarcar mucho, quiero presentarles por medio de algunos textos "claves" los fundamentos bíblicos sobre los carismas. Como sucede en la economía de la salvación, veremos cómo los textos nos irán aclarando de manera progresiva; mientras caminamos del Antiguo al Nuevo Testamento encontraremos como la revelación funciona así, de poco a poco, como un proceso progresivo que nos lleva de formas un tanto, cuanto veladas en el Antiguo, que encontraran más claridad o plenitud en el Nuevo Testamento. Es importante tener un buen marco bíblico teológico en cada tema al que nos acercamos, les presento este respecto a los carismas.

1. **Antiguo Testamento**

En el Antiguo Testamento encontramos varios pasajes que sin enfocarse precisamente en los carismas de manera directa y explícita, los mencionan, los refieren, o al menos los sugieren, los invito a dar un paseo por algunos textos que nos ayudarán a comprobar la existencia de estos en la prehistoria del cristianismo. Para comenzar arranquemos con el texto que encontramos en el libro de los Números 11, 24-25ss:

*"Salió Moisés para decir al pueblo las palabras del Señor. Luego reunió a los 70 ancianos del pueblo alrededor de la tienda. El Señor bajó en la nube. Habló y tomó del **espíritu** que descansaba sobre él para ponerlo sobre los 70 ancianos.* **Cuando el espíritu descansó sobre ellos, profetizaron, pero no volvieron a hacerlo más.**"

Podemos ver, la acción de Dios a través de su Espíritu, que desciende sobre Moisés y sobre los 70 ancianos, que no eran profetas, Moisés, por su parte, si era considerado profeta. Pero este carisma extraordinario no es permanente (ya analizaremos más tarde la temporalidad de algunos carismas) ya que los ancianos no son profetas, pero recibieron el carisma por la unción dada en ese momento. El carisma de profecía es en este texto un signo dado por Dios para ratificar la elección de los 70 ancianos por Moisés y para ratificar su autoridad sobre el pueblo. Es también importante señalar que a estas alturas de la Escritura el don del Espíritu del Señor a todo el pueblo no aparece, sino más tarde, será el Profeta Ezequiel y sobretodo el profeta Joel quienes hablaran del alcance universal de la presencia del Espíritu Santo y sus carismas.

El profeta Isaías 11, 1-2, enumera lo que conocemos como dones del Espíritu Santo. Aquellos que recibimos todos en el Bautismo y se reafirman en la Confirmación:

"Del tronco de Jesé saldrá un renuevo, un vástago brotará de sus raíces. Sobre él descasará el espíritu de Señor, espíritu (Don) de **SABIDURÍA** *y de* **INTELIGENCIA,** *espíritu de* **CONSEJO** *y de* **FUERZA-FORTALEZA,** *espíritu de* **CONOCIMIENTO-CIENCIA,** *de* **PIEDAD** *y de* **TEMOR DEL SEÑOR...**"

Este texto es monárquico, es decir, se refiere a la acción del Espíritu del Señor sobre el Rey, hasta este momento en la Escritura se pensaba que el Espíritu solo estaba ligado a la función profética, pero aquí lo encontramos dentro del marco de la monarquía.[13] Dios habilita al Rey con diferentes dones para que cumpla su función, le regala, por la aceptación verdadera de su cargo, el don de conocimiento y de temor del Señor. Todo esto, para que el nuevo monarca cumpla sus tareas de gobernar con justicia y prosperidad. Lo habilita para su función real. Es en Jesús, el hijo de David en quién se derramará el Espíritu de una forma impresionante, el recibirá de la plenitud del Espíritu. Es también, importante señalar que cuando hablamos de SIETE dones, estamos hablando de la plenitud de los DONES, indica totalidad, perfección. Luego entonces, aunque hablamos de siete, este número representa numéricamente muchos más que estos; representa TODOS los dones, la plenitud de estos.

Hay un gran número de textos que podríamos reflexionar al respecto, sin embargo en el Antiguo Testamento me parece central el del profeta JOEL 3, 1-4:

> *"Después de esto, yo derramaré mi Espíritu sobre toda creatura. Sus hijos e hijas profetizarán, sus ancianos tendrán sueños y sus jóvenes tendrán visiones. Y en aquellos días derramaré mi espíritu hasta sobre criados y criadas. Y haré prodigios en el cielo y en la tierra: sangre, fuego y columnas de humo, el sol se convertirá en oscuridad y la luna en sangre, al acercarse el día del Señor grande y terrible."*

Sin lugar a dudas que el profeta se refiere *AL GRAN DIA DEL SEÑOR*, el cual será inaugurado con la venida del Espíritu. Se cumple finalmente el deseo de Moisés (Num. 11, 29 *"¿Tienes celos por mí? ¡Ojala que todo el pueblo profetizara y el Señor infundiera en todos su espíritu!"*). Y se cumplirá superando toda expectativa: el Espíritu

---

[13] Asurmendi, Jesús María, *El Espíritu del Señor sobre el Rey*, Col. El Espíritu Santo en la Biblia. Ed. Verbo Divino. Navarra, España, 1991.

se derramará sobre todos, sin límites de edad (jóvenes y ancianos), ni de sexo (hijos e hijas), ni de condición social (esclavos y esclavas). En el discurso de Pentecostés, Pedro verá cumplida esta profecía de la venida del Espíritu Santo, que dio nacimiento a la Iglesia. Un signo de la victoria de Dios es que el Espíritu se comunica a los creyentes de toda condición. Respecto a este texto, la Biblia Latinoamericana señala tres elementos importantes en el texto:

1. **"Derramaré mi espíritu sobre todos los hombres"**
2. **"Daré a ver señales en el cielo."**
3. **"Entonces serán salvados"**

Estos elementos se manifiestan en los años que siguieron a la resurrección de Jesús, antes de que fuera destruida su nación. Por eso Pedro cita este texto en Hech. 2, 17. En el siglo XXI, lo mismo podría estar sucediendo a nivel mundial; sin producir ningún tipo de miedo en los creyentes, sino visto como una promesa esperanzadora de bendición y salvación de parte de Dios para su pueblo.

2. **Nuevo Testamento**

En el Nuevo Testamento la conexión de la acción del Espíritu Santo y los carismas o dones es más clara y explícita. Fue, probablemente, san Pablo quien acuñó la palabra carisma y quien la vinculó con el Espíritu, sin embargo, en el evangelio de Lucas se resalta muchísimo la acción del Espíritu Santo y lo concluye de una manera magistral en la obra de Hechos de los apóstoles, que más bien forman una obra completa dividida en dos partes, pero con muchos temas en común. Encontramos en el capítulo 4, 16-21 del evangelio de Lucas que el Espíritu Santo está sobre el PROFETA JESÚS:

"Fue Jesús a Nazaret, donde se había criado, entro en la sinagoga el día del sábado según su costumbre y se

CAPÍTULO III - LOS CARISMAS EN LA SAGRADA ESCRITURA

> *levantó para hacer la lectura. Le entregaron el libro del profeta Isaías y, desenrollando el libro, encontró el pasaje donde estaba escrito: 'El Espíritu de Señor está sobre mí, porque me ha consagrado por la unción para llevar la buena noticia a los pobres. Me ha enviado a anunciar a los cautivos la liberación y a que recobren la vista los ciegos, a dejar en libertad a los oprimidos, a proclamar el año de gracia del Señor' enrolló el libro, se lo dio al sirviente y se sentó. Todos en la sinagoga tenían sus ojos fijos en él. Entonces se puso a decirles: <<Hoy se cumple es sus oídos este pasaje de la escritura. >>"*

Para entrar en contexto, Jesús se encontraba en Galilea, para estos momentos, Jesús tenía ya la fuerza del Espíritu, su fama se había extendido por toda la región, ya sé había hecho taquillero, lo seguían por donde quiera, ya había enseñado antes en las sinagogas (era una costumbre), Jesús declara que el Espíritu esta sobre El y está realizando obras maravillosas, habla de su misión que se está cumpliendo y los signos (carismas) que lo acompañan, encontramos a un Jesús lleno de dones y carismas, ungido, lleno del Espíritu Santo. La parte triste del texto nos recuerda la vieja frase de "nadie es profeta en su tierra" después de la proclamación de Jesús como el Mesías, nos narra el fracaso en Nazaret y el rechazo de su propia gente.

San Pablo por otra parte, habló de los carismas en algunas de sus cartas. De una manera muy general, designó con el término carisma los dones gratuitos de Dios, los talentos naturales, el don que se confiere a un hombre cuando es ordenado para el ministerio. De una manera más particular, el término carisma fue aplicado a los diversos servicios y ministerios de la Iglesia; pero, propiamente hablando, y según la acepción que ha prevalecido en la tradición cristiana, el término carisma es aplicado a esa serie de gracias mencionadas en 1 Cor 12,8-10: *Palabra de Sabiduría y de Ciencia, carisma de Profecía, de Fe, de Curaciones, de poder hacer Milagros, de Discernimiento de espíritus, de hablar en Lenguas, de interpretación.*

De ahí que no sea fácil dar una definición unívoca del carisma, que se aplique en todos los casos y a todas esas gracias del Espíritu. Lo que es común a todas esas acepciones es la gratuidad absoluta y su procedencia del Espíritu. Dicho con otras palabras: hay carismas que son otorgados por el Espíritu de una manera permanente, como es el carisma de gobierno o de dirección, de enseñanza, de servicio, etc.; otros son carismas más o menos pasajeros, temporales, ocasionales, dados para ciertos momentos, en ciertas circunstancias, pero siempre para la edificación o construcción de la comunidad, tal es el caso del carisma de profecía, de sanación, la Palabra de Sabiduría, Palabra de Conocimiento, el poder de hacer Milagros, el carisma de la Fe, hablar en Lenguas. Cuando se habla de carismas se entiende, de un modo preferencial, esta última clase de gracias.

"Por carismas entendemos, pues, no la gracia de la inhabitación constante del Espíritu Santo en los creyentes, sino aquellos dones conferidos por el Espíritu a determinadas funciones espirituales" según José Rius Camps.

San Pablo dio la siguiente definición del carisma: "Una manifestación del Espíritu Santo para el bien común" (1 Cor 12,7). Se trata, por consiguiente, de una serie de gracias destinadas al bien común, más que a la santificación personal del que las recibe; gracias derramadas por el Espíritu sobre algunos fieles para la edificación y la construcción de la Iglesia, el cuerpo de Cristo. Están abiertas al mundo entero. El que los recibe no es su destinatario final, sino un canal transmisor hacia los demás. Se podría decir que:

"Si no hubiera comunidad, no habría carismas".
"Los carismas, por consiguiente, pueden ser dados

a cualquier hombre, en cualquier circunstancia, en cualquier momento, sea pecador o santo, hombre o mujer, sabio o ignorante, creyente o no creyente. No se los posee de una vez y para siempre, ni pueden ser manejados según la propia voluntad. Poseen siempre un componente de frescura y de sorpresa".

San Pablo dijo claramente cuál era el origen de todos los carismas: *"Hay diversidad de carismas, pero el Espíritu es el mismo"* (1 Cor 12,4). **Los carismas son diversos en sus manifestaciones, pero únicos en su origen**. Son una manifestación del Espíritu (1 Cor 12,7). No pueden proceder de otra fuente. Vienen de él, llevan su sello, llevan "la marca de la casa". Y los distribuye con una libertad total, sin que nada, ni nadie le pueda condicionar. En el siguiente capítulo presentaremos una reflexión exegética-pastoral más detallada respecto a una teología de los carismas en San Pablo.

Existen sin duda, muchos textos más en el Nuevo Testamento de los que podríamos hablar, como lo señale en la introducción; con este libro no pretendo agotar la riqueza y la extensión de lo que a su parte bíblica se refiere, sino presentar o introducir en el tema de manera que nos quede un gusto por conocer más al respecto. En el Anexo 1 les dejo una serie de textos más extensa que nos sugiere el padre Salvador Carillo Alday al respecto.

CAPÍTULO

IV

REFLEXIÓN EXEGÉTICA Y PASTORAL SOBRE 1 COR 12, 1-11

"No quiero, hermanos, que ignoréis acerca de los dones espirituales. 2. Sabéis que cuando erais gentiles, se os extraviaba llevándoos, como se os llevaba, a los ídolos mudos. 3. Por tanto, os hago saber, que nadie que hable por el Espíritu de Dios llama anatema a Jesús; y nadie puede llamar a Jesús Señor, sino por el Espíritu Santo."

La introducción con *"peri de"* indica que esto que va a tratar, está basado en una preocupación o pregunta real de los Corintios. La respuesta que Pablo comienza en 12,1 se prolonga hasta el 14, 40 y sugiere que la razón es ponerse de acuerdo en lo que se refiere a la jerarquía de los dones espirituales. Pablo nota cierta competencia egoísta que estaba afectando de manera progresiva la unidad de la comunidad (12, 1-3). Entonces introduce los criterios por los cuales han de ser juzgados las manifestaciones del Espíritu.

Para J. M. Bassler, JBL (1982) está claro que en la teología Paulina todos los dones tienen un origen común ***ton peumatikon*** es decir, **del espíritu**, por lo tanto deben a su vez servir a un propósito común (8-10), la comunidad. **La lista de los dones no pretender ser exhaustiva** (Cf. 12: 27-30; Rom 12, 6-8; Efe 4,11) **tampoco Pablo nos provee una definición precisa y clara de cada uno de los que menciona; de hecho es hasta cierto punto imposible tal definición.** De acuerdo con (Murphy-O'Connor, 1990), la mayoría de los significados que se les asignan en los grupos carismáticos tienen una interpretación subjetiva y en otros casos el significado tiende a ser arbitrario. Otro criterio claro es que si es el Espíritu mismo quien guía y obra a través de cada uno de los dones, nadie debe creerse que le pertenecen y llenarse de vanagloria y orgullo; pretendiendo que los entiende y mucho menos que los posee.

Para (Thiselton, 2006) Pablo continúa con la tarea de redefinir o describir a que se refiere con el término **"espiritual"** y aquí particularmente lo refiere a **"aquello que proviene del Espíritu"**. Es importante recordar que muchos de los cristianos en Corinto se consideraban así mismos "espirituales" y esto les constituía o daba un estatus más alto dentro de la comunidad. Por otro lado, (Fee, 1987) afirma que casi con toda seguridad el problema de fondo o de raíz era el abuso del don de lenguas y la actitud de los llamados glosolalos quienes buscaban a menudo los "dones más espectaculares." El asunto cobraba mayor importancia al tratar de distinguir o contrastar entre dos tipos de lenguas: 1. Discursos inspirados ininteligibles y lo que propiamente conocemos como profecía, 2. Discursos inspirados inteligibles, a estos Pablo los defiende y subraya la necesidad de la inteligibilidad en la asamblea o como la mayoría de los exegetas lo presentan: En "las reuniones comunitarias" o "en la Iglesia" que conectándolo con los capítulos anteriores tiene sentido, pues Pablo, está tratado de organizar también un desorden más que se estaba dando en la comunidad de Corinto en la parte ritual o del culto comunitario; pudo haber sido durante la celebración de la "fracción del pan". Por tal, Pablo ofrece ciertos lineamientos muy concretos sobre los diferentes dones, comenzando y extendiéndose más en el de lenguas.

Para Pablo es muy importante la necesidad y preferencia del ORDEN en la asamblea. Todos los correctivos de parte de Pablo tienden a enfocarse en el abuso de las lenguas en la asamblea, que parecía tener mayor énfasis en su expresión. Además el problema de las lenguas se unía a uno de los temas centrales de la carta, la unidad en el amor; la pasión que los Corintios tenían por las lenguas en la asamblea indicaba cómo en el fondo no lograban amarse unos a otros. Vale la pena señalar que conforme a la globalidad del texto, la razón de ser de los dones es precisamente la edificación de la Iglesia, y que es precisamente a lo que apunta el amor, mientras que las lenguas sin interpretación no apuntan en esa dirección (Fee, 1987). Una realidad extra entre los Corintios era su sentido e inclinación a la competencia, al individualismo; cosa que les era propia por ser parte del mundo griego. Para Gordon Fee es probable que la cuestión de fondo o crucial respecto a toda la situación sea lo que en realidad significa ser "pneumatikos" (espirituales), parece ser que los Corintios asociaban el donde de lenguas con los ángeles. Por lo que el ejercitar este don los ponía al nivel de estos y por lo tanto, podían si lugar a dudas ser considerados "espirituales".

12, 1-3 nos presenta un criterio claro: Jesús es el Señor.

De entrada, parece ser que esta parte del texto no tiene mucha relación respecto a lo que Pablo va a tratar en los siguientes versos; sin embargo en un marco más amplio parece preparar el terreno para varias cosas que tratará posteriormente.

1. En el verso *"no quiero... que ignoréis"* parece referirse más a un recordatorio de algo que ellos ya conocen, que algo totalmente nuevo. Es algo que ellos no ignoran del todo. Existe una discusión entre los diferentes exegetas respecto a sí el primer versículo debe ser traducido como "en lo que se refiere a las personas espirituales" (Weiss, Blomberg, Ellis and Wire) o *"en lo que se refiere a los dones espirituales"*. En griego se utiliza el adjetivo con su respectivo artículo "Ton pneumatikon" declinado en genitivo plural. Si nos basamos solo en el capítulo 12, uno podría hacerse a la idea de que estaban planteando preguntas acerca de los dones espirituales; pero el capítulo 14 indica que a lo largo de la carta, la respuesta de pablo es "correctiva", no instructiva, ni informativa y por tanto parece también a momentos indicar que también podía referirse a "personas espirituales".

Cabe señalar que Pablo tenía un concepto diferente al de los Corintios en los que se refiere a la vida en el Espíritu. Para Pablo, según (Fee, 1987) no se trataba de algo que los alienara de su existencia o realidad actual (cosa que parecía entenderse entre los paganos), sino como algo que capacitaba a los creyentes para vivir en el presente, de dos maneras concretas: en debilidad (humanidad) y en poder (gracia, presencia del Espíritu). Pablo quiere dejar muy claro a los Corintios que en el presente deben cultivar relaciones basadas en el amor y responsables en el cuerpo de Cristo y que toda oportunidad en el culto público debe ser para la edificación mutua, no para una espiritualidad individualista, exaltada y arrogante, que en realidad reflejaba una falsa espiritualidad desde la perspectiva del Apóstol de los gentiles.

A pesar de ciertas dificultades exegéticas de los vv. 2 y 3 sobre todo en lo que se refiere a las posibilidades de traducción y lo que cada una de estas implicaría, parece ser que Pablo quiere contrastar la experiencia idolátrica de los miembros de la comunidad cristiana de Corinto con la actual como cristianos que *"hablan (y se dejan mover) por el Espíritu de Dios."* Pablo hace hincapié que esto "procede del espíritu" e introduce un término aunque no nuevo del todo si muy particular en Pablo: "jarismata" para resaltar las manifestaciones "phanerosis" específicas de la actividad del Espíritu, "ton pneumatikon," por lo cual, esta se intercambiará una y otra vez en los escritos de Pablo con "pneumatika" que generalmente será usado para resaltar y distinguir que proceden del Espíritu.

En el versículo 3 con el *"por tanto, os hago saber"* vuelve a poner énfasis a lo que comenzó con *"no quiero que ignoréis"* pero ahora con ya con base a lo que se dijo en el versículo 2. Su vida anterior idolátrica y la actual se contraponen produciendo una u otra respuesta no sólo contraria sino contradictoria frente a la persona de Jesús; por un lado si se regresaba o estaba del lado de su vida pagana podrían incluso decir "Anathema", maldito sea Jesús, (que esta palabra da dificultad a este versículo en particular, por ser un término más bien de uso judío y no así entre los griegos), sin embargo si ahora vivían según el espíritu su aclamación por tanto sería que Jesús es el "Kyrios," el Señor. Encontramos en este pasaje uno de esos que por algunas faltas en el lenguaje que fue escrito no es fácil tener toda la claridad de qué se trata, diferentes exégetas presentan diferentes opciones. Algunos apuntan que se podía referir a los "discursos inspirados" y cómo la verdadera posesión por el Espíritu sería reconocida mediante la confesión primitiva de "Jesús es Señor". En este sentido lo entiende el padre Tomas Forrest al afirmar que dependemos más de lo que lo que pensamos de la acción del Espíritu Santo. Por esto resalta que *"no podemos decir 'Jesús es Señor', no podemos reconocerlo como el Señor, como el Salvador, como el Dios de nuestra vida, sino es por el poder del Espíritu Santo. Otra opción era distinguir a los que podían estar "inspirados por espíritus demoniacos."* De fondo parece ser que la situación que Pablo quiere aclarar es la cuestión de *"examinar los espíritus"* de dónde provenía una u otra situación, (Fee, 1987).

P. Philippe, O.S.B. en su libro los carismas respecto a la afirmación *"No quiero hermanos que estéis en la ignorancia":* nos señala como en este momento de la historia de la Iglesia en que los carismas renacen, esta afirmación cobra importancia y realce, por tal urge estar bien informado por que aún hay algunos cristianos HOY que ejercen los carismas un poco como los Corintios y es necesario informarles a fin de evitar las trampas del maligno que puede transformarse en ángel de luz e introducir su mentira aún en los carismas. Por otro lado, hay una gran cantidad de cristianos en nuestros días que ignoran casi totalmente los carismas. Es impresionante como después de casi cincuenta años de la Renovación Carismática Católica no ven sino su lado periférico: brazos levantados, cantos curiosos y ruidosos, oraciones murmuradas, etc.; y han pasado de largo la profunda realidad del Espíritu. Felizmente, empiezan nacer cada día más estudios (éste es mi granito de arena) sobre los carismas.

De los versos 4-11 trataremos ahora de la diversidad, así como sucede en el mismo Dios que es trinidad y permanece uno, así deberá suceder en lo que se refiere a los dones espirituales, "jarismata":

"4. Ahora bien, hay diversidad de dones, pero el Espíritu es el mismo. 5. Y hay diversidad de ministerios, pero el Señor es el mismo. 6. Y hay diversidad de operaciones, pero Dios, que hace todas las cosas en todos, es el mismo. 7. Pero a cada uno le es dada la manifestación del Espíritu para provecho. 8. Porque a éste es dada por el Espíritu palabra de sabiduría, a otro, palabra de ciencia según el mismo Espíritu; 9. A otro fe por el mismo Espíritu; y a otro, dones de sanidades por el mismo Espíritu. 10. A otro, el hacer milagros; a otros, profecía; a otro, discernimiento de espíritus; a otro diversos géneros de lenguas; y a otro, interpretación de lenguas. 11. Pero todas estas cosas las hace uno y el mismo Espíritu, repartiendo a cada uno en particular como él quiere."

De acuerdo con (Fee, 1987) todo este párrafo gira en torno a dos ideas: la primera la encontramos si ponemos atención la frase siempre comienza con *"hay diversidad de dones, pero el Espíritu es el mismo"* por tal presentaré el desglose que encontramos en Primera Epístola a los Corintios por Gordon Fee donde el énfasis en la diversidad se pone en MAYUSCULAS; y la segunda es cuando el énfasis en *"el mismo espíritu"* se pone en letra cursiva (Mirar la tabla en la siguiente página).

4. DIVERSIDADES de dones hay, pero el mismo Espíritu;

5. DIVERSIDADES de ministerios hay, pero el mismo Señor;

6. DIVERSIDADES de operaciones hay, pero el mismo Dios, que hace TODAS LAS COSAS EN TODOS.

7. A CADA UNO es dada la manifestación del Espíritu *para* provecho de todos.

8. A ESTE es dada **palabra de sabiduría,** *por el Espíritu;*

A OTRO **palabra de ciencia,** *por el mismo Espíritu;*

9. A OTRO **fe,** *por el mismo Espíritu;*

A OTRO **dones de sanidades,** *por el único Espíritu;*

10. A OTRO **operaciones de milagros;**

A OTRO **profecía;**

A OTRO **discernimientos de espíritus**

A OTROS **géneros de lenguas;**

A OTRO **interpretación de lenguas**

11 TODAS ESTAS COSAS las hace uno y *el mismo Espíritu,* REPARTIENDO A CADA UNO EN PARTICULAR

Como él quiere.

Vamos ahora a presentar cada uno de los "Jarismata" (Plural), no es como señalan la mayoría de los exégetas, una lista exhaustiva, sino representativa, la que nos presenta Pablo aquí. El padre Forrest, respecto a esta lista afirma que aunque esta es una lista muy enfatizada por la Renovación Carismática, esta lista no debe considerarse ni la más importante, ni la más completa, sino solo una más entre las que se nos presentan en el Nuevo Testamento, digna de nuestro estudio y reflexión. El mismo Padre Forrest divide esta lista que nos presenta el Apóstol Pablo en tres categorías, a saber: **Carismas de revelación, carismas de manifestación, y carismas de comunicación;** también es importante señalar antes de entrar a la 'definición' de cada uno de los carismas en esta lista, que un carisma en sí mismo es tan rico que puede aceptar muchas definiciones y no una sola que sea absoluta y única; también es importante entender que en la mayoría de los casos una definición no contradice a la otra, sino que la complementa. Sin más, entramos a los primeros dos, **los carismas de revelación: Sabiduría y Conocimiento.**

1. Carisma de Palabra de Sabiduría, del *griego logos-Sofía,* de acuerdo con (Bittlinger 1976) nos describe como en una situación complicada y peligrosa se puede recibir una palabra de sabiduría que resuelva la dificultad o que responda de manera efectiva al oponente (en una discusión o ante un juez). Este don no es algo permanente, sino algo que se da a una persona concreta en una situación específica y muchas veces para esta situación solamente. Es importante recordar que tanto sabiduría (Sofía) como conocimiento (Gnosis) eran supra valorados y por lo tanto un problema ya de entrada para la comunidad de Corinto y tal vez por esta razón Pablo los haya puesto al inicio de su lista. El que estos términos tal vez sean adaptados por Pablo de la comunidad de Corinto hace más difícil determinar la naturaleza específica de estos dones en el pensamiento de Pablo. En el medio carismático actual se entiende muy a modo de Bittlinger, es como una especie de iluminación, una inspiración que responde a una necesidad concreta de cómo o qué hacer; puede ser dentro de un ambiente eclesial o comunitario o en cosas muy concretas como la de un padre tratando de mostrar a sus hijos el mejor camino a seguir o hasta en el mismo trabajo, en este sentido lo han hecho muy práctico; independientemente de la situación, prevalece que debe darse en un ambiente de oración y apertura al Espíritu Santo que es quién pone en la persona tal respuesta. Para el padre Forrest este carisma resalta que yo se vivir como hijo de Dios. Jesús no vino a enseñar historia o matemáticas, él era un maestro, sus discípulos consideraban su vida misma como magistral, es decir, la de alguien que sabía vivir bien y es esa sabiduría lo que me hace sabio, lo que me capacita para imitar a Jesús, para aprender a vivir como ÉL. La sabiduría auténtica es el saber llevar la vida de un hijo de Dios. Necesitamos dice el padre Forrest pedir a los predicadores el don de sabiduría y conocimiento, esos dones de revelación que nos permiten conocer más y mejor a Dios, y sus caminos para que estos sean nuestros caminos.

2. Carisma de Palabra de Conocimiento, para Bittlinger se refiere a un mensaje ya viejo que se habla y se aplica a una situación reciente y nueva de una forma que aunque responde a esta situación, permanece como un mensaje siempre viejo. Es importante no olvidar la fascinación que tenían por el "conocimiento-gnosis" los griegos y el orgullo que se adhería al poseer este. Sin embargo, Pablo lo enuncia aquí no como algo adquirido, del cual me puedo orgullecer, sino como una manifestación del Espíritu que podía entenderse en tres líneas: como una dotación sobrenatural de conocimiento o de información que no era posible ser adquirida sino sólo dada por el auxilio del Espíritu, como se da en la tradición profética; otra opción, es más a la manera como de una enseñanza inspirada relacionada con la recepción cristiana en cuanto al sentido de una parte concreta de la Escritura; y la tercera se inclina más como a un "discurso espiritual de tipo revelatorio" con un fin concreto. En el medio carismático actual va más en la línea de la última opción. Se atribuye al Padre Emiliano Tardiff este carisma por medio del cual le era revelado algo particular de lo que estaba sucediendo en los que estaban siendo evangelizados y al compartirlo la fe del que dudaba era robustecida y al menos confirmaba lo que la persona estaba pensando que estaba sucediendo en él o ella; también podría ser un mensaje concreto de qué tipo de sanación y a quién concretamente con detalle (santo y seña) estaba sanando Jesús por el poder del Espíritu Santo en medio de la Asamblea.

La segunda categoría dentro de la división que nos provee el Padre Tomas Forrest es la de los carismas de 'manifestación': Carisma de Fe, Carisma de Curaciones y Sanaciones, y Carisma de Poderes Milagrosos.

3. **Carisma de FE** dice Bittlinger y la mayoría de los comentaristas, no se puede confundir con la profesión de fe, en lo que creemos como cristianos; no es un asentimiento a las verdades reveladas o a los dogmas aceptados, esa fe que poseemos de alguna manera todos los bautizados como fruto del Espíritu Santo. Este carisma se refiere más a esa "fe que es

capaz de mover las montañas" (Cf. Mat. 17,20; 1Cor. 13,2), es más bien, un don dado a un individuo en un momento específico. El padre Forrest respecto a este carisma nos pide que nosotros los cristianos de hoy y de siempre debemos tener una fe que mueva montañas para lograr tener esa fe eficaz que provoca que la gracia de Dios se derrame de manera extraordinaria. Es lo que el teólogo católico Joseph Brosh entiende como "fides miraculosa" es decir, una convicción sobrenatural de que Dios revelará y hará presente su poder o su misericordia de un modo especial, independientemente de cualquier resistencia. En los medios carismáticos actuales se entiende justo en esta línea, como la fe que es capaz de provocar la sanación física de una persona muy a modo de cómo lo declaraba Jesús: "Tu FE te ha sanado" en varios de los milagros que realizó.

4. Carisma de Curaciones o Sanaciones para Bittlinger se refieren principalmente a sanaciones que tienen que ver con enfermedades físicas, pero que también puede tratarse de la restauración total de la persona: alma, cuerpo y espíritu. Nótese el plural **"jarismata iamaton"**, sanaciones físicas, lo que sugiere que no es un don permanente, sino ocasional y que parece que sucede de la misma manera con los plurales en los siguientes carismas que Pablo nos presenta. De acuerdo con el libro de los Hechos de los Apóstoles este tipo de señales (sanaciones) acompañaban la misión de Pablo. De esta forma se entiende también actualmente en los medios carismáticos de los grupos de oración.

5. Carisma de Poderes Milagrosos o literalmente operaciones de milagro o de poder *energemata dynamis o dinameis en*

plural. Para Bittlinger quien contrasta ese carisma con el anterior, este no solo se refiere a sanaciones (que parece que se incluyen aquí), sino que también incluye acciones milagrosas de todo tipo. Algunos consideran que se refiere especialmente a los exorcismos; ciertamente los incluye pero no tiene por qué limitarse a estos. El Padre Tomas Forrest distingue este carisma del anterior afirmando que el milagro se da cuando no hay instrumento de por medio (como sucede muchas veces con el de sanación, ya sea el doctor, la medicina, la oración, etc.) Los milagros no se dan necesariamente en el ámbito de la sanación, como por ejemplo, cuando Jesús le pide a Pedro que camine sobre las aguas y muchos otros signos parecidos que encontramos en la Sagrada Escritura.

Continuando con la división del Padre Forrest, la tercera categoría son los "carismas de comunicación", los cuales sirven para mantener la comunicación entre Dios y el ser humano, esta va en dos direcciones. Una, Dios comunica su voluntad, sus deseos, sus planes; da sus inspiraciones, etc. Y la otra dirección, el ser humano habla con Dios por el don de la oración. En la primera dirección, están los carismas de profecía y de discernimiento. La segunda dirección, es el don de lenguas, como un don de alabanza.

6. **Carisma de Profecía**, Bittlinger resalta que no se refiere al aspecto de predecir el futuro, sino al aspecto de ayudarnos con algo que está sucediendo en el presente, aunque en ocasiones pueda incluir el primer aspecto; su finalidad siempre estará en el segundo. Pablo retorna a las manifestaciones verbales con las que comenzó. Es importante considerar que la profecía ha sido un fenómeno presente en la mayoría de las religiones de la antigüedad y que estaba presente en la mitología griega. No

se trata y con eso Pablo quiere diferenciar sobre lo que sucedía con los griegos; los cuales daban profecías en medio del frenesí y la manía, con palabras entrecortadas o balbuceadas difíciles de entender. A los profetas a los que se refiere el Apóstol de los Gentiles se les entendía demasiado bien. Era un mensaje inspirado por el poder del Espíritu y era espontaneo, no se trataba de un sermón previamente preparado. No se refiere al contexto total de lo que entendemos como profecía y como profeta en el Antiguo Testamento, sino más con un sentido de lo que nos presenta el profeta Joel 2, 28-30, en el cual el don es accesible a todos, no quiere decir que todos lo harían o lo hacían, sino que se podía dar al menos potencialmente a todos. Finalmente, es importante señalar que estos mensajes eran para la edificación de la comunidad, que se entendían claramente y que los que profetizaban estaban en "dominio de sí" (Fee, 1987).

7. Carisma de Discernimiento de Espíritus, del griego ***diakriseis pneumaton***, literalmente discernimientos de espíritus, en plural. Para Bettlinger este carisma les ofrece a la Iglesia y a sus miembros la habilidad de distinguir entre los poderes divinos, los humanos y los demoniacos. Parece que se refiere a "probar los espíritus" y verificar si provenían de Dios o de "otros espíritus". Algunos apuntan a que se refiere al carisma que asiste para discernir, diferencias y juzgar las profecías de las que se habla en el 14,19. Al utilizar la palabra "espíritus" puede referirse a las locuciones proféticas que necesitaban "ser diferenciadas". En la mayoría de los medios carismáticos actuales se está teniendo más orden respecto a este carisma al poner un ministerio de discernimiento de los mensajes proféticos que se están recibiendo para saber por medio de varios criterios, si vienen de Dios, y si es así, si cumplen con la finalidad de alimentar y hacer crecer a la comunidad.

8. Carisma de Hablar en Lenguas. Del griego, *Glosolalia*, hablar u orar en lenguas. Bettlinger le llamará a este carisma "Orando en el Espíritu" o hablando en otras lenguas, y se refiere a la habilidad que el Espíritu da a los miembros de la Iglesia para expresar lo inexpresable y así alabar a Dios en lenguas nuevas. Parece ser que es por este don que la discusión o al menos la aclaración de Pablo respecto al uso o abuso de los "jarismata" que estaba sucediendo en la comunidad de Corinto. Está claro, también que los que hacen uso de este don, no están en éxtasis, ni fuera de control. Todo lo contrario, quienes hablan en lenguas deben hacerlo por turnos, y deben quedarse callados si no hay quien intérprete. En la actualidad las comunidades carismáticas hacen diferencia entre los "diferentes tipos de los carismas de lenguas": **1.** *Glosolalia,* el don de orar en lenguas que tiene solo esta finalidad, la de la oración; es ininteligible tanto para el que ora como para los que le oyen. Para usar este carisma dice el padre Forrest debo tener humildad por que la Gloria es para EL, la forma o formas pueden ser vergonzosas (un compañero de San Francisco una vez canto como una paloma), lo importante es que cuando oro en lenguas no estoy impresionando a nadie, ni a mí mismo, sino alabando a Dios porque es Dios. Respecto a este el Padre Emiliano Tardiff en su discurso sobre los carismas afirma que el don de lenguas es un don de oración en el Espíritu, el cual nos hace orar como Jesús y después afirma: Si la gente conociera el valor del don de lenguas, dejaría de burlarse de este don, porque es una fuerza de oración más grande que la nuestra, tal como lo dice San Pablo en Romanos 8,26: *"Nosotros no sabemos cómo orar, para orar como conviene, más es Espíritu Santo viene en ayuda de nuestra debilidad, y viene a orar en nosotros con gemidos inefables"* Estas no son palabras fáciles de entender y aceptar de entrada. El don de lenguas (Glosolalia) dice el padre Tardiff es un don de oración en el Espíritu, es mucho más poderoso que nuestra pobre oración. **2.** *Xenoglosia*, es el don de predicar o evangelizar en lenguas, el que lo hace no conoce la lengua de aquellos a los que lleva el mensaje y sin embargo estos le entienden; algunos apuntan que esto es lo que sucedió en el pentecostés del aposento alto (Cenáculo) cuando Pedro predicó a gente que venían de todas partes y todos entendieron, hay quienes mencionan que el Santo Padre Pio tenía este carisma, pues sin ser políglota podía predicar a gente venida de todos los rincones de la tierra y muchos lo entendían o el mismo padre Emiliano Tardiff predicando en el continente asiático o africano y este (el mensaje) siendo entendido cuando este no hablaba tales lenguas, entiéndase que esta variación del carisma es más bien rara. ***3. Profecía en lenguas*** que requiere del carisma que Pablo enumera en seguida y que es aún más raro que el anterior (Fee 1987).

9. Carisma de Interpretación de Lenguas, o el carisma de interpretación como lo menciona Bettlinger y para el cual, como para mayoría de los exégetas, no se refiere a una especie de interpretación textual de la lengua en la que se habla, sino una presentación esencial del contenido del mensaje. El que ora en el Espíritu está hablándole a Dios y el que "interpreta" recibe la interpretación de Dios. Por otro lado, Fee y la mayoría de los exégetas tratan de explicar el término "hermeneo" en ese contexto se refiere a articular, poner en palabras audibles y entendibles, para beneficio de la comunidad, lo que ha dicho él que hablo en lenguas. El don de interpretación puede darse a la persona que recibió el mensaje en lenguas (lo cual lo hace aún más subjetivo) o a otra persona de la comunidad.

El verso 11 después de la lista vuelve una vez más a algo que Pablo quiere que quede muy claro; es como un resumen de lo que les ha presentado en la frase "uno y el mismo Espíritu" recalcando que la diversidad es producto del único Dios, quien mediante su Espíritu "hace todas las cosas" refiriéndose a la lista de manifestaciones que ha enumerado anteriormente. Respecto a la cláusula final, Fee resalta que es nueva y que probablemente se deba traducir de la siguiente manera: "como Él lo considera conveniente (o como le place)." Tal vez esta sea la versión Paulina de Jn 3, 8 *"El viento/Espíritu sopla donde quiere."*

Cada día hay más publicaciones de todo tipo respecto a los carismas, tanto eruditas como populares, que han ido de un extremo al otro; de resaltarlos demasiado, desmesuradamente y muchas veces desviada, pero también ha habido muchas publicaciones que han insistido en menos valorar o despreciar los carismas, recalcando que fueron gracias dadas al principio y que son irrelevantes e inexistente en nuestros días. Estoy totalmente de acuerdo con Gordon Fee, el cual, al final de su análisis exegético nos dice que "quizás la mayor tragedia de la Iglesia es que haya perdido (a través del tiempo) tanto contacto con el Espíritu de Dios en su vida diaria, que deba contentarse con lo que no es sino lo corriente (y ordinario) y sentir entonces la urgencia de justificarse de ese modo. La esperanza se halla en el mismo texto en la parte final, versículo 11 y radica en que el único y mismo espíritu haga como le place, a pesar de los encasillamientos, a los que tendemos una y otra vez y que se tratan de imponer (consciente o inconscientemente) de parte de quienes se hallan en uno u otro lado de esta cuestión. Yo me quedo con las palabras que Pablo mismo les recomienda a los Tesalonicenses *"Póngalo todo a prueba pero quédense nada más con lo bueno"*, 1Tes. 5, 21.

CAPÍTULO

V

LOS CARISMAS EN LA HISTORIA DE LA IGLESIA

Para San Pablo el Espíritu es el dispensador de los carismas y también es a la vez "Poder de Dios" como lo presenta en sus cartas (1 Cor 12-14, Rom. 12, 6-8, Ef. 4, 11-16). Para el apóstol de los gentiles, es el Espíritu quien obra a través de los signos, maravillas y acciones poderosas. San Pablo dice que no todos son apóstoles, que no todos hacen milagros, en otras palabras, no todos tienen todos los dones (Cf. 1 Cor 12, 29-30). Sin embargo, todos tienen algún don, algunos de una forma y otros de otra. El mismo San Pablo no enfatiza solo uno u otro carisma sino que menciona la gran variedad de estos, sin embargo para el apóstol el carisma de profecía ocupa una posición privilegiada (Cf. 1 Cor 14, 1ss).

De acuerdo con el Padre Raniero Cantalamessa en su libro *El Misterio de Pentecostés*, San Pablo reconoce dos acciones fundamentales del Espíritu Santo: La Carismática que la podemos definir como *"Ad Extra"* puesto que existe para el beneficio de todos y cada uno en la comunidad, su acción está dirigida y termina en el sujeto que lo recibe. La segunda acción podemos definirla como "Interior" o *"Ad Intra"* pues esta termina en el sujeto que la recibe y que es renovado en su existencia de manera radical y profunda.

San Pablo establece una doble jerarquía, a saber: una entre

los mismos carismas, en la cual unos son más importantes que otros, y otra entre los carismas y la caridad o el amor al cual él se refiere como **"un camino más perfecto"**. Entre los carismas, algunos como el de profecía, tiene más beneficio e importancia que otros, como el de orar en lenguas. Sin embargo, en lo que se refiere a la acción total del Espíritu, la caridad es superior a los carismas, incluyendo el de profecía, por que la profecía terminará, lo cual no sucederá con la caridad (Cf. 1, Cor 13,8). "Estar" en el Espíritu es superior a "Actuar" (en los demás) en el Espíritu, hasta el punto de que sin caridad todo lo demás no sirve para NADA.

San Agustín en su *Tratado sobre el Evangelio de Juan* nos explica que los carismas son "parte" mientras que la caridad es el "TODO".

Para **Santo Tomas de Aquino** la caridad es el mejor camino en lo que se refiere a nuestra relación con los demás. La caridad es siempre mayor a cualquier carisma... la caridad es el "FIN" mientras que los carismas de alguna manera son los "medios" para los que conocen la doctrina del doctor angélico saben que el FIN para él es, Dios mismo. Luego entonces, sin una santidad genuina o al menos con la intención constante de alcanzar está a través de la penitencia y la conversión constante y continua, los carismas no resistirán mucho, pronto serán de alguna manera, corrompidos y usados para la gloria personal en lugar del bien común para el cual, están destinados. Jesús mismo afirma que se puede tener carismas y terminar en "Gehena" cuando estos no se acompañar de cumplir la voluntad del Padre (Cf. Mat 7, 21-23).

Yo creo que si San Pablo viviera en nuestros días (en los días de la renovación carismática católica) haría lo mismo o algo muy parecido a lo que hizo en su tiempo. A los que sobrevaloran a los carismas (como sucedía con algunos en la comunidad de Corinto) nos diría "déjenme mostrarles un camino más excelente" el AMOR,

CAPÍTULO V - LOS CARISMAS EN LA HISTORIA DE LA IGLESIA

y a los que los cuestionan o mantienen sospechas de estos, les diría como a los Tesalonicenses: *"No apaguen el fuego del Espíritu, no desprecien el don de profecía. Sométanlo todo a prueba y retengan lo bueno."* (Cf. 1 Tes 5, 19-21). Este es siempre un buen balance respecto a los carismas.

1. **La Realidad de Pentecostés en la Iglesia Primitiva**

En los escritos de los Padres Apostólicos y de la Iglesia, tanto los de Oriente como los de Occidente, encontramos cómo estos no veían el evento de Pentecostés que aparece en el libro de los Hechos de los Apóstoles, como algo que había sucedido y quedado en el pasado, sino como algo presente y vivo en la Iglesia. Varias de las siguientes citas textuales o referenciales están tomadas de los libros del Padre Raniero Cantalamessa: *La Sobria Intoxicación del Espíritu I y II.*, y del libro *Baptism in the Holy Spirit*, editado por la Comisión Doctrinal del ICCRS (Internacional Catholic Charismatic Renewal Services).

Comencemos con **San Cirilo de Alejandría (c. 318-386)** quién comenta acerca de Pentecostés y de manera concreta a la acusación de que los discípulos habían sido "llenos con el nuevo vino" (Cf. Hech 2, 13), así les explica a un grupo de catecúmenos:

> *Ellos no están borrachos de la forma como ustedes se imaginan. Están borrachos de hecho... pero con la sobria intoxicación (Nephalios methê) que mata el pecado y que da vida al corazón, lo cual es paralelamente opuesto a una borrachera física. Una borrachera hace a la persona olvidar lo que conoce; sin embargo la que viene del Espíritu, trae entendimiento de las cosas que previamente no se conocían. Están borrachos en tanto que han bebido del vino de aquella vid mística que afirma,* **Yo soy la vid, y ustedes son las ramas** *(Cf. Jn 15,5).*

San Cirilo parece que espera que estos catecúmenos experimenten algo parecido a esto el día de su Iniciación Cristiana. En esta misma línea, **San Ambrosio (c. 340-397)**, exclama: ¡*Bebamos con alegría la sobria intoxicación del Espíritu! (Laeti bibamus sobria profusionem Spiritus)*.

2. Los Carismas en la Época Patrística

Hay sin lugar a dudas evidencia que la abundancia de los carismas se manifestaba en la Iglesia primitiva, incluyendo los que nosotros llamamos "dones espirituales" o "Carismas", que encontramos en 1 Cor. 12. y en otros textos del Nuevo Testamento.

Por ejemplo, desde el siglo II, **San Justino, Mártir (c. 100-165)** escribe: *"Los dones proféticos siguen presentes entre nosotros, aún en nuestros días.* **San Irineo (c. 115-202)** por su parte parecidamente, afirma:

> *Escuchamos que muchos de nuestros hermanos en la Iglesia tienen el carisma de profecía y de hablar en diferentes lenguas en el Espíritu, y que traen los secretos de los hombres a la luz por su propio bien, y que exponían los misterios de Dios.*

El mismo San Irineo testifica un sin número de milagros y otros signos de poder del Espíritu; con la siguiente afirmación:

> *"Aquellos que son verdaderamente sus discípulos, reciben la gracia que viene de EL, hacen milagros en su nombre por el bien de los demás, de acuerdo al don que cada cual ha recibido. Algunos verdaderamente son capaces de expulsar demonios, para que aquellos que han sido liberados de estos espíritus malos crean y se acerquen a la Iglesia. Otros, por otro lado, tienen conocimiento de cosas que van a suceder, por medio de*

CAPÍTULO V - LOS CARISMAS EN LA HISTORIA DE LA IGLESIA

visiones o profecías. Otros más, por medio de la oración y la imposición de las manos, sanan a los enfermos. Sí... aún más, algunos que habían muerto, han vuelto a la vida y siguen entre nosotros después de varios años... Estos dones que han sido recibidos gratuitamente, de esa misma manera deben ser compartidos o ministrados.

Varios Padres hablan de los carismas como algo normal, que acompañaba generalmente el Rito de Iniciación Cristiana. Por ejemplo **Tertuliano (c. 160-225)** en su tratado *Sobre el Bautismo* escribe:

Por lo tanto, ustedes que han sido bendecidos, a los cuales les espera la gracia de Dios, cuando se acerquen al sacratísimo baño del nuevo nacimiento, cuando abran sus brazos por primera vez en la casa de su madre (la Iglesia) con sus hermanos(as), pídanle al Padre y al Señor, por el don especial de su herencia: la distribución de los Carismas.

Además, **San Cirilo de Jerusalén (c. 315-386),** por su parte, invita a los candidatos al bautismo:

Que todos y cada uno se prepare a recibir el don divino de la profecía... Mis últimas palabras, amados míos, en esta instrucción son palabras de exhortación, para pedirles que preparen sus almas para la recepción de los carismas celestiales.

De la misma manera**, San Hilario de Poitiers (c. 310 o 315 – 368),** Obispo y Doctor de la Iglesia, exhorta a los cristianos a que ejerciten los carismas: *Hagamos uso de estos dones tan generosos*; en su tratado sobre los Salmos agrega:

Los que hemos renacido por el sacramento del Bautismo experimentamos un gozo (alegría) intensa cuando sentimos dentro de nosotros las primeras agitaciones del

> *Espíritu Santo. Entonces comenzamos a entender mejor los misterios de la fe, podemos profetizar y hablar con sabiduría. Nos reafirmamos en la esperanza y recibimos en abundancia el don de sanación. Los Demonios se sujetan a nuestra autoridad. Estos dones llegan a nuestra vida como una lluvia tranquila y... poco a poco, producen abundantes frutos.*

El gran doctor de la Iglesia, **San Agustín (c. 354-430)**, cambió de parecer respecto a los carismas. En el siglo III – IV hubo un cierto declive en lo que se refiere a los dones Espirituales debido a que la herejía Montanista creció en este tiempo, la cual se caracterizaba entre otras cosas por el abuso y los excesos en el uso de los carismas. La reacción natural hacia esta herejía fue que se desarrollará una tendencia que evitaba cualquier actividad "carismática". Por lo cual, al principio de sus escritos San Agustín escribió que si bien los carismas habían sido necesarios en la era apostólica, ahora que la Iglesia había alcanzado la madurez, ya no eran necesarios. Pero sucedió que después el mismo fue testigo de un sin número de sanaciones milagrosas en su propia Catedral en Hipona, y se dio cuenta que la Iglesia necesita estos dones. Fue que después escribió en su obra autobiográfica "Retractaciones":

> *Si bien es cierto que los enfermos no siempre se sanan... sin embargo respecto a lo que dije, no significa que no debemos creer que los milagros no sucedan hoy en el nombre de Cristo. Pues desde el mismo momento que escribí... un ciego de la ciudad de Milán recobro la vista; y muchos sucesos como este han sucedido hasta nuestros días, de tal manera que no es posible saber todos o cuantificr todos los que son de nuestro conocimiento.*

En "*La ciudad de Dios*", San Agustín, nos cuenta las sanaciones

CAPÍTULO V - LOS CARISMAS EN LA HISTORIA DE LA IGLESIA

impresionantes de las que fué testigo. Como el de una ocasión en la que, una hermana y un hermano fueron sanados de una terrible enfermedad, dónde resalta la reacción de su congregación:

> *Tal maravilla sucedió que provocó que tanto los hombres y las mujeres juntos elevaran aclamaciones y derramaban lágrimas que parecían no tener fin... Elevaban alabanzas a Dios sin palabras, con un sonido que nuestros oídos apenas podían soportarlo.*

Finalmente el gran doctor de la Iglesia en uno de sus sermones exhortaba a su congregación de la siguiente manera:

> *Nuestro Señor Jesucristo le hizo recobrar la vista a los ciegos, levanto a Lázaro a la vida... por tal, no permitan que nadie, hermanos diga que nuestro Señor Jesucristo no continúa haciendo estas cosas ahora entre nosotros.*

Muy pero muy a modo como era la predicación del Padre Emiliano Tardiff con su "Jesús está Vivo" me hace pensar el sin número de señales de las que el mismo Jesús por el poder de su Espíritu Santo les hizo testigo al gran San Agustín de Hipona.

Finalmente, **San Justino, Mártir (c. 100-165)** nos legó en sus escritos un sin número de exorcismos hechos por cristianos que daban testimonio de la verdad del evangelio que era proclamado:

> *Jesús nació por voluntad de Dios Padre para la salvación de los creyentes y la destrucción de los demonios. Y ahora podemos aprender de esto por medio de lo que ustedes mismos han sido testigos con sus propios ojos. Por qué a través de todo el mundo y en ciudad (Roma) hay muchos endemoniados a los cuales todos los demás "exorcistas", brujos y magos no pueden curar, sino que han sido sanados por los cristianos, los cuales realmente*

sanan, atan y echan fuera los demonios que los poseen en el nombre de Jesucristo, el cual fue crucificado bajo el poder de Poncio Pilato.

3. **Los Carismas a través de los siglos**

Experiencias de RENOVACION en la vida de la Iglesia se han manifestado en diferentes momentos y lugares para el mismo bien de la esposa de Cristo, de manera especial a través de la vida de grandes santos, tales como: San Bernardo, el gran San Francisco de Asís y la orden franciscana, Santa Gertrudis, Santa Catarina de Siena, San Vicente de Ferrer, cómo no mencionar a San Ignacio de Loyola y la Orden de los Jesuitas, San Francisco Javier; en época después de la Reforma, los Carmelitas, la Doctora de la Iglesia Santa Teresa de Ávila y San Juan de la Cruz; en Francia el Cura de Ars, San Juan María Vianey, San Juan Bosco y los Salesianos… Ya mucho más reciente, San Pio de Pietrelcina… Beata Madre Teresa de Calcuta y sus misioneras de la Caridad a finales del siglo XX y su impacto hasta nuestros días, San Juan XXIII y San Juan Pablo II… y muchos más, la mayoría de ellos con carismas extraordinarios, pero sobretodo con un corazón lleno de amor por el pueblo de Dios, que es la Iglesia.

Además podemos decir que muchos aspectos de la experiencia renovadora del Bautismo en el Espíritu Santo en la Renovación Carismática, la manifestación de los carismas, han estado presentes en formas muy parecidas en la tradición mística y espiritual en la historia de la Iglesia sobretodo en la tradición oriental. San Simeón. "el nuevo teólogo" (949-1022), un monje bizantino, el cual escribió bastante acerca de esta experiencia espiritual del bautismo en el Espíritu Santo y que la define como una unión mística tan profunda con Dios que está acompañada por el don de lágrimas que nos menciona el Cardenal

Yves Congar en su obra *El Espíritu Santo,* el dolor o tristeza por los pecados, y visiones de Dios como una luz. Existe también evidencia abundante acerca de la presencia de los carismas tanto en la Iglesia Ortodoxa como en las Iglesias orientales.

CAPÍTULO

VI

LOS CARISMAS EN EL MAGISTERIO DE LA IGLESIA

1. Magisterio y Carismas en nuestros días.

San Juan Pablo II en la exhortación apostólica ***Redemptionis Donum*** habla explícitamente del carisma como un don, tanto para las personas consagradas como para la comunidad y no duda en afirmar que en ese don, se encuentran elementos válidos para vivir la consagración y la misión propia de cada uno dentro de la Iglesia.

El ***Compendio del Catecismo de la Iglesia Católica***, en el número 160 da la siguiente definición de carisma:

"Los carismas son dones especiales del Espíritu Santo concedidos a cada uno para el bien de los hombres, para las necesidades del mundo y, en particular, para la edificación de la Iglesia, a cuyo Magisterio compete el discernimiento sobre ellos."

En ***ChristiFideles Laici*** #24 encontramos lo siguiente:

"El Espíritu Santo no sólo confía diversos ministerios a la Iglesia-Comunión, sino también la enriquece con otros dones e impulsos particulares, llamados carismas. Estos

pueden asumir las más diversas formas, sea en cuanto expresiones de la absoluta libertad del Espíritu que los dona, sea como respuesta a las múltiples exigencias de la historia de la Iglesia. La descripción y clasificación que los textos neo-testamentarios hacen de estos dones, es una muestra de su gran variedad: "A cada cual se le otorga la manifestación del Espíritu para la utilidad común. Porque a uno le es dada por el Espíritu palabra de sabiduría; a otro, palabra de ciencia por medio del mismo Espíritu; a otro, fe, en el mismo Espíritu; a otro, carisma de curaciones, en el único Espíritu; a otro, poder de milagros; a otro, el don de profecía; a otro, el don de discernir los espíritus; a otro, diversidad de lenguas; a otro, finalmente, el don de interpretarlas."

Y continua:

"Sean extraordinarios, sean simples y sencillos, los carismas son siempre gracias del Espíritu Santo que tienen, directa o indirectamente, una utilidad eclesial, ya que están ordenados a la edificación de la Iglesia, al bien de los hombres y a las necesidades del mundo."

Según Christifideles Laici, 24, los carismas por su naturaleza, son comunicativos, y hacen nacer aquella *"afinidad espiritual entre las personas y aquella amistad en Cristo que da origen a los 'movimientos'."*

Incluso en nuestros días, no falta el florecimiento de diversos carismas entre los fieles laicos, hombres y mujeres. Los carismas se conceden a la persona concreta; pero pueden ser participados por otros y, de este modo, se continúan en el tiempo como viva y preciosa herencia, que genera una particular afinidad espiritual entre las personas. Refiriéndose precisamente al apostolado de los laicos, el Concilio Vaticano II escribe:

> *"Para el ejercicio de este apostolado el Espíritu Santo, que obra la santificación del pueblo de Dios, por medio del ministerio y de los sacramentos, otorga también a los fieles dones particulares (Cf. 1 Cor 12, 7), "distribuyendo a cada uno según quiere" (Cf. I Cor 12,11), para que "poniendo cada uno la gracia recibida al servicio de los demás", contribuyan también ellos "como buenos dispensadores de la multiforme gracia recibida de Dios" (1 Pe 4,10), a la edificación de todo el cuerpo en la caridad (Cf. Ef 4,16)"*

El Concilio Ecuménico Vaticano II, en el Decreto sobre el Apostolado de los Laicos *Apostolicam Autositatem* #3 afirma que los dones del Espíritu Santo exigen según la lógica de la originaria donación de la que proceden que cuantos lo han recibido, los ejerzan para el crecimiento de toda la Iglesia, como lo recuerda el Concilio:

> *"Por haber recibido estos carismas, incluso los más sencillos, se originan cada creyente el derecho y deber de ejercitarlos para el bien de los hombres y para la edificación de la Iglesia, tanto en la misma Iglesia como en el mundo, con la libertad del Espíritu Santo que " sopla donde quiere" (Jn 3,8), y al mismo tiempo, en la comunión con todos los hermanos en Cristo, especialmente con los propios pastores."*

Los carismas han de ser acogidos con gratitud, tanto por parte de quien los recibe, como por parte de todos en la Iglesia. Son, en efecto, una singular riqueza de gracia para la vitalidad apostólica y para la santidad del entero Cuerpo de Cristo, con tal que sean dones que verdaderamente provengan del Espíritu, y sean ejercidos en plena conformidad con los auténticos impulsos del Espíritu. **En este sentido siempre es necesario el discernimiento de los carismas.** En realidad, como han dicho los Padres sinodales:

"La acción del Espíritu Santo, que sopla donde quiere, no siempre es fácil de reconocer y de acoger. Sabemos que Dios actúa en todos los fieles cristianos y somos conscientes de los beneficios que provienen de los carismas, tanto para los individuos como para toda la comunidad cristiana. Sin embargo, somos también conscientes de la potencia del pecado y de sus esfuerzos pendientes a turbar y confundir la vida de los fieles de la comunidad"

Por tanto, ningún carisma dispensa de la relación y sumisión a los Pastores de la Iglesia. El Concilio dice claramente:

"El juicio sobre su autenticidad (de los carismas) y sobre su ordenado ejercicio pertenece aquellos que presiden en la Iglesia a quienes especialmente corresponde no extinguir el Espíritu, si no examinarlo todo y retener lo que es bueno (Cf. 1 Ts 5, 12.19-21)"

Así lo afirma el Concilio Ecuménico Vaticano II, Constitución. Dogmática Sobre la Iglesia *Lumen Gentium, 12:* "*Con el fin de que todos los carismas cooperen, en su diversidad y complementariedad, al bien común.*"

2. **Carisma y Jerarquía al Servicio de la Comunión en la Iglesia.**

El Obispo Luis Bambarén Gastelimendi, S.J. en su artículo sobre *"La Riqueza de los Carismas"* nos presenta a través de una serie de documentos eclesiales y discursos de los Papas las siguientes conclusiones respecto a cómo Carisma y Jerarquía son parte integral de la vida de la Iglesia y como ambos aspectos contribuyen a la comunión de la misma.

CAPÍTULO VI - LOS CARISMAS EN EL MAGISTERIO DE LA IGLESIA

"El Espíritu Santo -indica el Papa San Juan Pablo II- no sólo confía diversos ministerios a la Iglesia-Comunión, sino que también la enriquece con otros dones e impulsos particulares, llamados carismas" [14]

Se trata de dones complementarios -los dones carismáticos y los dones jerárquico-ministeriales- suscitados por un mismo Espíritu, con un mismo fin: la edificación de la Iglesia. El carisma auténtico no sólo expresa y fomenta la comunión y la unidad de la Iglesia, en la rica pluralidad de sus expresiones de vida, sino que en el fondo el don -carisma- por excelencia es la Iglesia misma, signo e instrumento de comunión y reconciliación en Cristo.

El carisma no ha de presentarse al margen de la Jerarquía, a quien le compete, en comunión con el sucesor del apóstol San Pedro, ser principio y fundamento de la unidad de la Iglesia. Como se afirma en Puebla, los Obispos, sucesores de los Apóstoles, constituyen *«el centro visible dónde se ata, aquí en la tierra, la unidad de la Iglesia».*[15] A los pastores sagrados les corresponde velar por la comunión en el Pueblo de Dios. El Papa San Juan Pablo II tocó el tema en su importante Discurso Inaugural de la IV Conferencia General del Episcopado Latinoamericano celebrada en Santo Domingo:

> *«En torno al Obispo y en perfecta comunión con él, tienen que florecer las parroquias y comunidades cristianas como células pujantes de vida eclesial»*[16] *En esa dinámica se sitúa la misión del Obispo de estimular el «crecimiento de las asociaciones de los fieles laicos en la comunión y misión de la Iglesia»*[17].

---

[14] S.S. Juan Pablo II, ChL, 24.
[15] Puebla, 247.
[16] S.S. Juan Pablo II, Discurso inaugural en Santo Domingo, 12-X-1992, 25.
[17] S.S. Juan Pablo II, ChL, 31.

Al llevar a cabo el proceso de discernimiento eclesial no se debe oponer jamás la Jerarquía y los dones carismáticos. Como afirmó el San Juan Pablo II en su importante mensaje a los movimientos y asociaciones eclesiales reunidos en Rocca di Papa en 1987: *«Los dones carismáticos y los dones jerárquicos son distintos, pero también recíprocamente complementarios»*[18] (134). En esa misma oportunidad citó el Santo Padre dos pasajes de las cartas de San Pablo que fundamentan y explicitan esta complementariedad. Como dice la Carta a los Romanos, nosotros los cristianos, *«siendo muchos, somos un solo cuerpo en Cristo, pero cada miembro está al servicio de los otros miembros»* (Rm 12,5). Y en la Primera Carta a los Corintios, se afirma cómo es que Dios ha querido que *«no hubiera escisiones en el cuerpo, antes todos los miembros se preocupen por igual unos de otros»* (1 Cor 12,25), cada cual según su propia vocación y función. Un claro signo de nuestro tiempo es el acento de la comunión eclesial. Cobran hoy en día un especial sentido histórico las palabras de nuestro Señor: *«Éste es el mandamiento mío: que os améis los unos a los otros como yo os he amado»* (Jn 15,12).

Como enseña el Papa San Juan Pablo II, citando Lumen Gentium:

> *«En la Iglesia, tanto el aspecto institucional, como el carismático... son coesenciales y contribuyen a la vida, a la renovación, a la santificación, aunque de modo diverso y de tal manera que haya un intercambio y una comunión recíprocas: los Pastores de la Iglesia son los "ecónomos de la gracia" (cf. LG, 26), que salva, purifica y santifica; guardan el "depósito" de la Palabra de Dios y gobernando al Pueblo de Dios, tienen también la responsabilidad de dar el juicio definitivo sobre la autenticidad de los carismas (cf. LG, 12)»*[19].

---

[18] S. Juan Pablo II, Discurso a los participantes en el II Coloquio internacional de los movimientos eclesiales, Rocca di Papa, 2-III-1987, 3.
[19] Loc. cit.

CAPÍTULO VI - LOS CARISMAS EN EL MAGISTERIO DE LA IGLESIA

La Iglesia es una realidad jerárquica y carismática a una misma vez, que tiene un aspecto visible y otro invisible. Podría añadirse la cita de San Pablo que habla de los cristianos, *«edificados sobre el cimiento de los apóstoles y profetas, siendo la piedra angular Cristo mismo»* (Cf. Ef 2,20).

Los movimientos y asociaciones congregan a los fieles por impulso del Espíritu Santo, no por una mera motivación humana. Leer esta rica realidad asociativa sin los ojos de la fe, es exponerse a desnaturalizar su verdadero sentido, cuyo origen está en Dios mismo. La tendencia que se presentó en algunos sectores después del Concilio Vaticano II de contraponer Carisma con Jerarquía constituyó un grave daño a la comunión de la Iglesia. A tenor de esta situación San Juan Pablo II llamó la atención sobre esta falsa dicotomía tan característica del pensar ideológico, e invitó a

> *«Evitar esa lamentable contraposición entre carisma e institución, que tan nociva resulta no sólo para la unidad de la Iglesia, sino también para la credibilidad de su misión en el mundo, y para la misma salvación de las almas»*[20].

A los Obispos, como servidores de la comunión y unidad de la Iglesia, les toca velar para que la comunión no se resquebraje.

> *«Ser responsables del don de la comunión -dice San Juan Pablo II- significa, antes que nada, estar decididos a vencer toda tentación de división y de contraposición que insidie la vida y el empeño apostólico de los cristianos»*[21].

Todo aquello que de alguna manera rompa esta comunión, ya sea en palabras -escritas o dichas- o en hechos -acción u omisión- debe

---

[20] Ibid, 4
[21] S.S. Juan Pablo II, ChL, 31.

ser objeto de especial preocupación pastoral por parte del Obispo. Es éste un aspecto muy importante del papel del Pastor sagrado como centro visible de la comunión de la Iglesia particular. Finalmente, como enseña San Juan Pablo II, la vida de comunión eclesial será *«un signo para el mundo y una fuerza atractiva que conduce a creer en Cristo... De este modo la comunión se abre a la misión, haciéndose ella misma misión»*[22]

---

[22] Loc. cit.

CAPÍTULO

VII

DISCERNIENDO LOS CARISMAS

En este capítulo describiremos varios elementos acerca de los carismas que nos ayudarán a entender de una forma más clara varias características de los mismos, esto nos facilitará sin lugar a dudas, su comprensión; encontraremos a su vez líneas de discernimiento facilitarán el proceso de identificar su autenticidad y su finalidad dentro de nuestra comunidad. Presentaremos además diferentes y variados puntos de vista de distintos autores respecto al discernimiento de los carismas, algunos desde un punto de vista más pastoral-experiencial y otros un tanto más bíblico-teológico.

Quiero comenzar presentando un listado de características del **padre Jordi Rivero** quién afirma lo siguiente respecto a los carismas:

1. **Son sobrenaturales** concedidos por Dios a determinadas personas. Aunque se le atribuyen sobre todo al Espíritu Santo, son igualmente don del Padre y del Hijo. Refiriéndose a cómo la Trinidad siempre es comunidad de amor y como

actúa siempre bajo ese mismo sentido.

2. **Son un don para la Iglesia.** Aunque ya existían en el Antiguo Testamento, un tanto de forma velada o como prefiguras "probaditas" de lo que vendría más tarde, el padre Jordi concluye que *"Dios los concede de forma incomparable en la Iglesia, por los méritos de Cristo."*

3. **Para el bien común.** Concedidos para servir en la edificación de la Iglesia. Sus efectos se manifiestan en favor de los miembros del cuerpo en función del amor. Son útiles para la misión y por lo tanto no son ni privados (para uso egoísta, personal), ni son superfluos. **El Mons. Alfonso Hinojosa B.** En su librito *"Los dones carismáticos"* nos señala que estos, los dones o carismas, los cuales son muchos y de diversas clases, nos facultan para poner diversas acciones por las cuales el Señor santifica a su Iglesia y bendice a los hombres en general. Esta es una de las características en la que la mayoría está de acuerdo, San Pablo mismo en la carta a los Corintios nos lo señala[23].

4. **No son requisitos para la salvación personal como lo es la gracia santificante.** No es más santo el que tenga más o "mayores" carismas. Sin embargo es verdad que los santos se caracterizan por el buen uso de los carismas porque los ponen al servicio de la Iglesia motivados por el amor.

5. **El Espíritu Santo los concede a quién quiere y cuándo quiere.** (1 Cor 12,11). No depende de la dignidad de la persona, ni de su vida piadosa, no se basan en ningún mérito. Y los podemos encontrar en todo tiempo y lugar.

---

[23] 1Cor. 11,7

6. **La mayoría de los Carismas son dones transitorios.** El Espíritu Santo los da y los quita según su beneplácito; son pasajeros en comparación con las virtudes teologales que son permanentes y sobre todo, con relación a la caridad que no disminuye; poseen, sin embargo, una cierta estabilidad que hace que el hombre dotado habitualmente del carisma profético sea llamado "profeta" aunque desde la definición del antiguo testamento la definición de estos (los profetas) es mucho más amplia.

7. **Son valorados por su grado de utilidad;** en cuanto más útiles para edificar la Iglesia sean, mayor será su valor. (Pablo de alguna manera clasifica y nos habla de una jerarquía de los carismas, en el que, el de profecía es de más estima en contraposición con el don de lenguas).

8. **Es bueno pedirlos en todo tiempo,** siempre y cuando lo hagamos por amor a la Iglesia y para servirla (1 Cor 14, 27).

9. **Jamás podrían adquirirse ni ser previstos o adquiridos con las fuerzas humanas** (simonía)[24].

10. **El carisma brota con formas nuevas**. Por eso le incumbe al ministerio jerárquico la delicada tarea de examinar y cultivar los carismas que nacen continuamente en el seno del pueblo de Dios. Hacer aflorar nuevas modalidades de carismas, favorecer las concreciones institucionales de estos y velar para que se mantengan vivos, insertándolos adecuadamente en la vida de la Iglesia.

Por otra parte, **Libero Gerosa** resume los criterios esenciales de los carismas auténticos de la siguiente manera:

---
[24] Hechos 8, 18-25

"Los carismas son gracias especiales que el Espíritu distribuye libremente entre los fieles de todo tipo y con los que los capacita y dispone para asumir varias obras y funciones, útiles para la renovación de la Iglesia y para el desarrollo de su construcción. Algunos de estos carismas son extraordinarios, otros, por el contrario, sencillos y mucho más difundidos, pero el juicio sobre su autenticidad corresponde, sin ninguna excepción, a los que presiden en la Iglesia, a los que compete no extinguir los carismas auténticos"

Libero Gerosa además nos indica que es necesario cuidar el uso de los carismas tanto para desarrollarlos como para encaminarlos en forma equilibrada hacia el propósito querido por Dios. San Pablo advierte a los Corintios sobre el peligro del mal uso de los carismas; algunos escenarios de mal uso pueden ser los siguientes:

- Cuando los carismas pretenden remplazar el esfuerzo y la responsabilidad de la vida cotidiana.

- Cuando la atención se centra en los carismas haciendo de ellos un espectáculo, creando desorden y distrayendo de la disponibilidad al sacrificio.

- Cuando se toma posesión de los carismas, buscando ávidamente poseerlos por interés egoísta (orgullo, competencia, fama, etc.).

San Pablo en la primera carta a los Corintios actúa fuertemente contra los excesos porque los carismas, si no contribuyen a la edificación del cuerpo, pueden hacerle daño. Sin embargo, San Pablo se preocupa de que no se apaguen los carismas: *"No apaguéis el Espíritu. No despreciéis las profecías. Examinad todo y quedaos con lo que es bueno. Absteneos de todo mal."* (1 Tes 5, 19-22). En el libro *"El Misterio de Pentecostés"* del **Padre Raniero Cantalamessa**, encontramos en San Pablo un balance maravilloso que nos queda como criterio maravilloso de autenticidad, ni sobre-valorarlos, (cuando se dirige a la comunidad de Corinto) ni menos-preciarlos o incluso anularlos, (cuando se dirige a la comunidad de Tesalónica), minimizar la necesidad de los dones es también una forma de poner al hombre como un falso protagonista de la edificación de la Iglesia, usurpando el lugar de Dios y relegándolo a un cielo que estaría distanciado de la tierra.

Según **Mons. Alfonso Hinojosa**, Obispo de Ciudad Victoria, el criterio fundamental es el mismo que nos da el Señor Jesús acerca de los falsos profetas: **"por sus FRUTOS los conocerán" (Mt. 7, 16)**. Los dones del Señor solo producen frutos buenos. Los frutos malos que haya en la vida de los cristianos no vienen del Señor y si estos, los malos, son fruto de algo que parece un carisma, este no lo es. Respecto a los frutos el Mons. Hinojosa los conecta con el pasaje de Gal. 5, 22-23: *"Amor, gozo, paz, paciencia, afabilidad, bondad, fidelidad, mansedumbre, templanza"*. Además, señala que todos estos frutos, se reducen a uno: SANTIDAD. Los dones del Espíritu Santo producen santidad en la Iglesia y en el mundo como su fruto propio. Donde el Señor derrama sus dones carismáticos florece espontáneamente una abundante, completa y equilibrada santidad, aún en personas muy sencillas, sin gran cultura humana y hasta con poca cultura cristiana.

1. **El Discernimiento.**

El Obispo de Chimbote, **Luis Bambarén Gastelumendi, S.J.** respecto al tema del discernimiento de los carismas nos presenta los siguientes lineamientos; dignos de considerar:
- En la porción del Pueblo de Dios encomendada a su cuidado pastoral, el Obispo es principio y fundamento visible de comunión y unidad en la fe, en la caridad y en el apostolado, por virtud del don del Espíritu Santo que ha recibido. Para ello es dotado de una potestad de gobierno ordinaria, propia e inmediata, que ejerce directamente sobre todos los fieles de la Iglesia particular, individual o asociadamente, ya sean clérigos, consagrados -en sus diversas expresiones- o laicos.
- **Corresponde a los Obispos discernir la autenticidad de los diversos carismas.** Como se indica en la Lumen Gentium: «*El juicio acerca de su autenticidad y la regulación de su ejercicio pertenece a los que dirigen la Iglesia. A ellos compete sobre todo no apagar el Espíritu, sino examinarlo todo y quedarse con lo bueno (cf. 1 Tes 5,12 y 19-21)*»[25]. A los Obispos les compete el ministerio de discernir los carismas, así como confirmarlos según la fe de la Iglesia. Este discernimiento siempre es un paso necesario, tanto para comprobar que sean dones del Espíritu Santo, como para velar por que sean ejercidos en fidelidad a la fe de la Iglesia, pues precisamente la vida asociada está ordenada a la misión de la Iglesia[26].
- **No siempre, sin embargo, es fácil realizar este discernimiento.** Es necesario tener en cuenta que el Espíritu Santo sopla donde quiere y como quiere (cf. Jn 3,8 y 1 Cor

---

[25] Lumen Gentium, 12. Cf. AA, 3.
[26] Cf. AA, 19.

12,7), y que lo hace además en relación a circunstancias históricas concretas. La acción del Espíritu no puede ser encuadrada en un determinado patrón, ni reducida a un determinado estilo. De allí precisamente la legítima pluralidad de espiritualidades y estilos que existen en la unidad de la Iglesia.

- La novedad del carisma trae también en ocasiones dificultades para su comprensión y discernimiento:

«Todo carisma auténtico lleva consigo una carga de genuina novedad en la vida espiritual de la Iglesia, así como de peculiar efectividad, que puede resultar tal vez incómoda e incluso crear situaciones difíciles, dado que no siempre es fácil e inmediato el reconocimiento de su proveniencia del Espíritu»[27].

- Las diversas dificultades que en algunos casos se pueden presentar, hacen tanto más importante y delicado el proceso de discernimiento, exigiendo por su misma naturaleza que se ponga en él una especial atención y reverencia. **Sólo una auténtica apertura a la acción del Espíritu, en una actitud y un clima de oración, permiten las condiciones para un recto y fructuoso discernimiento.** Se ha de cultivar también la sensibilidad para percibir los signos de los tiempos en atención a las cambiantes circunstancias en medio de las que peregrina la Iglesia y se manifiesta el plan divino. La presencia de los frutos que confirman el origen de una obra en el Espíritu Santo es, así mismo, característica fundamental del discernimiento y confirmación del mismo: *«Por sus frutos*

---

[27] Congregación para los Obispos y Congregación para los Religiosos e Institutos Seculares, Mutuae relationis, 14-V-1978, 12.

los conoceréis» (Mt 7,16).

- Junto con el proceso de discernimiento de los carismas también les corresponde a los Obispos el servicio de fomentar y promover el apostolado asociado en sus diversas expresiones, pues la Iglesia aprecia *«todas las formas de apostolado.»*[28] Es claro, por lo demás, que al Obispo le ha sido confiado el cuidado de los diversos carismas. Así pues, el discernimiento debe estar acompañado de la acogida, el aliento, la guía y la orientación pastoral, así como del estímulo a un crecimiento de las asociaciones y movimientos eclesiales, según su estilo propio, en la comunión y misión de la Iglesia.
- La Iglesia cuida que no sea obstaculizada la acción del Espíritu Santo. Igualmente expresa su respeto por la dignidad de las personas convocadas por el Paráclito para recibir un carisma y para llevar una determinada forma de vida asociada en la comunidad eclesial. Los pastores sagrados se preocupan, igualmente, de comunicar los bienes espirituales de la Iglesia, principalmente la Palabra de Dios y los Sacramentos[29]. Para todo ello, los pastores reciben una abundancia de especiales dones del Espíritu Santo para poder obrar según el designio divino.
- Los movimientos y asociaciones, por su parte, dan muestras de autenticidad eclesial sometiéndose con docilidad al discernimiento de los pastores, acogiendo con humildad[30] sus orientaciones pastorales y dejándose guiar en la comunión de la Iglesia y con su pastor universal. De ahí que cuando se habla en el Magisterio de los movimientos y asociaciones se explicite, como una señal inequívoca de su eclesialidad,

---

[28] Apostolicam Autositatem, 21
[29] Cf. C.I.C., c. 213.
[30] Cf. S.S. Juan Pablo II, RMi, 72.

la fidelidad a la comunión en la Iglesia bajo los legítimos pastores y el magisterio universal.

- La capacidad de gobierno y autonomía de vida que se reconoce a las asociaciones y movimientos eclesiales no resta en lo más mínimo el debido reconocimiento de las orientaciones pastorales que el Obispo da para el gobierno de la Iglesia particular a su cuidado, especialmente en lo referente al ejercicio del culto divino, la enseñanza de la fe y lo que se conoce como la cura pastoral.

En una traducción por **Colin B. Donovan, STL**; presentada en un artículo publicado por EWTN en la parte de preguntas que presentan[31] sobre el discernimiento de carismas señalan que **el Apóstol Juan nos anima a probar los espíritus (1 Jn 4) y durante los años la Iglesia ha desarrollado el criterio de determinar si los frutos son buenos o malos (Mt 7, 15-20). San Juan nos enseña que si alguien niega que Jesucristo ha venido en la carne (1 Jn 4, 3), es una prueba de que la persona no tiene el Espíritu de Dios. Podemos llamar a esto la prueba doctrinal de los frutos. El Espíritu de Dios nunca se alejará de la verdad sobre Cristo.** Como la Iglesia es una extensión del misterio de la Encarnación, el Espíritu de Dios nunca te alejará de la Iglesia Católica o de sus enseñanzas. **Similarmente el Espíritu de Dios nunca lo alejaría a uno de la práctica de la fe (moral, devocional o sacramental).** Cristo nos ha dado los medios para la salvación y el Espíritu nunca nos privaría de ellos. Este se podría llamar el examen práctico de los frutos. ¡*"No es el que me dice: Señor, Señor!, el que entrará en el Reino de los Cielos, sino el que hace la voluntad de mi Padre del Cielo"* (Mt 7, 21-23). Dicho de una manera positiva, la actividad del Espíritu Santo debe necesariamente tender hacia la verdad Católica y la unidad (doctrina y práctica) no

---

[31] http://www.ewtn.com/spanish/preguntas/renovacion_carismatica.htm

importa cuán remota parezca esta unidad. Por otra parte, el Espíritu que reconoce que Jesucristo vino en la carne, es de Diós (1 Jn 4, 2). Esta doctrina correcta es un motivo de credibilidad en la autenticidad de un carisma o evento. Una persona puede estar actuando por el espíritu humano fortalecido por la fe y puede no estar manifestando un don extraordinario. Para determinar si un fenómeno dado excede la naturaleza humana, es necesario de un discernimiento más que ortodoxo. Por ejemplo, en el caso de una aparición, cuando un obispo declara un evento de "digno de creer" o "no digno de creer", el obispo lo hace basado en criterios científicos los cuales tratan de responder a la pregunta ¿Puede ser explicado? y teológicos, los cuales responden a ¿Viene de Dios? Así que la ortodoxia es el comienzo necesario del discernimiento, pero no el final.

Hablando prácticamente, las diversas instancias de los carismas extraordinarios dentro de la Renovación Carismática, rara vez estos serán escrutados oficialmente por la Iglesia. Los sacerdotes y laicos asociados con la Renovación deben ser los más adecuados para discernir cada caso por sí mismos, de acuerdo al criterio teológico de la Iglesia y a la prudencia. Es más fácil descartar un fenómeno como no proveniente de Dios que lo es el poder definir su origen (humano o divino). La pregunta básica hecha en oración debe ser "¿Es este evento particular un ejemplo creíble de la acción del Espíritu de Dios - un Espíritu incapaz de mentir o pecar - y que solo puede llevar a la gente a una fe Católica más profunda y a la unidad?

Respecto a la autenticidad de los carismas el padre y exégeta **Salvador Carrillo Alday** nos plantea la siguiente pregunta y sus conclusiones: ¿Cómo conservar y garantizar la autenticidad del carisma? Es fundamental, que cada movimiento se someta al discernimiento de la autoridad eclesiástica competente. Por esto ningún carisma dispensa de la referencia y de la sumisión a los pastores de la Iglesia. Y cita las famosas palabras del Concilio:

CAPÍTULO VII - DISCERNIENDO LOS CARISMAS

«El juicio acerca de su (de los carismas) autenticidad y la regulación de su ejercicio pertenece a los que dirigen la Iglesia. A ellos compete sobre todo no apagar el Espíritu, sino examinarlo todo y quedarse con lo bueno (cf. 1 Ts 5, 12 y 19-21)»[32]

Esta es la garantía necesaria de que el camino que recorréis es el correcto. En la confusión que reina en el mundo de hoy es muy fácil equivocarse, ceder a los engaños. En la formación cristiana que dan los movimientos no ha de faltar jamás el elemento de esta obediencia confiada a los obispos, sucesores de los Apóstoles en comunión con el Sucesor de Pedro. Por tal razón nos exhorta que si conocemos los criterios de eclesialidad de las asociaciones laicales, que recoge la exhortación apostólica *Christifideles laici* n. 30. Nos pide que aceptemos siempre con generosidad y humildad, insertando nuestras experiencias en las Iglesias locales y en las parroquias, permaneciendo siempre en comunión con los pastores y atentos a sus indicaciones.

2. **Los Carismas y algunos problemas o situaciones relacionados con la práctica de estos.**

Hace ya un par de años, mientras trabajaba en la edición de este libro que ahora les comparto, llegó hasta mis manos un artículo sobre los carismas y la soberbia; me pareció que si bien, la mayor parte de lo que estamos presentando es de manera positiva, he considerado bueno hablar de algunos excesos o abusos actuales respecto a los carismas; así también nos pueden ayudar en el discernimiento de estos.

Hoy en día el Espíritu Santo derrama gracias extraordinarias sobre todo en los grupos de oración, o en los grupos dónde se ora.

---
[32] Lumen Gentium, 12

Y Dios que es autónomo en todas sus acciones, *"distribuye a cada uno sus dones, según su voluntad"* (1ª Cor. 12, 11). Pero como lo señala el Mons. Hinojosa, el demonio no duerme. En la historia de todas las religiones ha habido siempre hombres engañados por él y los ha convertido en engañadores que han llegado a pretender que sean actos de culto a la divinidad verdaderos y descarados pecados como la embriaguez, la prostitución, el robo, el asesinato, etc.; estos no son fruto del Espíritu.

Por tal, no está demás hablar de estas cosas. Una, para prevenir ciertas desviaciones o para que no sucedan. Dos, para tomar ciertas precauciones que el Mons. Hinojosa llama CAUTELAS basadas en la Constitución Apostólica Lumen Gentium. Dos riesgos o tentaciones que nos pueden acechar:

- Los dones extraordinarios no deben pedirse temerariamente, pues pretenderlos así, daña grandemente la fe los cristianos débiles y perjudica la obra del testimonio apostólico. Tampoco debemos pretender que los carismas no existen.
- Ni hay que esperar de ellos los frutos del trabajo apostólico, es decir, a veces pensamos que los milagros cambiarán automáticamente los corazones de los pecadores, pero el faraón se obstino y no quiso obedecer a Dios a pesar de las grandes maravillas que obro el Señor por medio de Moisés y de Aarón. En la parábola de Lázaro y el rico, cuando este quiere que Lázaro vaya a advertir a sus hermanos, el Padre Abraham le dice: *"Si no oyen a Moisés y a los Profetas, tampoco se dejaran persuadir si un muerto resucita"*. En el evangelio de Juan encontramos respecto al mismo Jesús que *"Aunque había realizado tan grandes señales delante de ellos, no creían en El; para que se cumpliera el oráculo del profeta Isaías: Señor, ¿quién dio crédito a nuestras palabras? Y el brazo del Señor, ¿a quién se le revelo"* No podían creer porque también había dicho Isaías: *"Ha cegado sus ojos,*

ha endurecido su corazón; para que no vean con los ojos, ni comprendan con su corazón, ni se conviertan, ni yo los sane". Isaías dijo esto cuando vio su gloria y hablo de Él. Por tal, los carismas no nos excusan de la labor humana que debemos poner en la obra del Señor como lo señala Pablo mismo: *"No es el que planta, ni el que riega, sino el Señor el que da el crecimiento"*, sin embargo, al que le toca plantar debe plantar y al que le toca regar debe regar.

En otro artículo del **P. Miguel Ángel Fuentes, I.V.E.** *¿Qué son los carismas del Espíritu Santo y Cómo saber cuáles son verdaderos?* nos menciona que respecto a los carismas puede darse algunos errores y deformaciones en dos direcciones:

- *"En el orden de la Espiritualidad y de la vida mística como ocurre en aquellos planteamientos en los que, de manera más o menos clara, se otorga una primacía a los fenómenos místicos extraordinarios, valorándolos más que la práctica de la caridad y de las demás virtudes".*
- En el orden de la vida eclesial como sucede con todos aquellos planteamientos que, olvidando la íntima unidad que existe entre institución y carisma extraordinario, oponen el uno al otro, otorgando una primacía a lo carismático sobre lo institucional (la tendencia a caer en un neo-montanismo), que concibe lo institucional como no animado por el Espíritu. Encontramos aquí un error dogmático como sucede con Montano o con Joaquín Fiore, especialmente con los Fratricelos los cuales piensan que la obra de Cristo no fue definitiva y afirman que se ha dado una nueva y radical efusión del Espíritu que instaura un orden nuevo, por que como ocurre con el protestantismo, piensen que la Iglesia puede ser infiel a su mandato originario, lo que, llevado a las últimas consecuencias, conduce a intentar buscar un

contacto con el Espíritu Santo al margen de toda institución como sucede, en mayor o menor grado, con los Cuáqueros, los Adventistas, los Pentecostales, etc.

El artículo sobre los carismas y la soberbia nos presenta diferentes preguntas para guiar la discusión, a saber:

P. ¿Cómo saber si un don es verdadero?

R. Los dones de hacer milagros, de curación o sanación, de conocer lo oculto, de profecía se prueban a sí mismos, las obras que resultan de ellos o las palabras dichas son la mejor evidencia acerca de si existe o no ese don. Pero el resto de los dones deben ser discernidos por la comunidad o por los que hacen cabeza de esa comunidad. Hay personas que creen poseer dones, y confunden su deseo con la realidad. Creen que cualquier cosa que les viene a la mente es una inspiración. Muchas veces sólo el tiempo logra poner luz acerca del carácter extraordinario o no de un supuesto don. Mientras no nos conste la veracidad de un don, debemos reservar nuestro juicio pidiendo al Espíritu Santo el discernimiento de aquello que no nos deja satisfechos.

Por otra parte, puede ocurrir que el supuesto don es una manipulación de Satanás para suplantar y engañar a los asistentes: También San Pablo no dice:

"Pero voy a seguir haciendo lo que hago, para no dar oportunidad a esos que andan buscando pretexto para tener un orgullo como el nuestro; pues no son más que falsos apóstoles y engañadores que se disfrazan de apóstoles de Cristo. Y esto no es nada raro, ya que Satanás mismo se disfraza de ángel de luz"[33]

---

[33] (2ª Co 11, 12-14).

CAPÍTULO VII - DISCERNIENDO LOS CARISMAS

P. ¿Cuándo un grupo de oración se desvía?

R. Un grupo o sus dirigentes se pueden desviar en puntos relativos a la doctrina de la fe, además puede desviarse por caer en una excesiva credulidad respecto a los supuestos dones de sus integrantes, también puede desviarse por ser su dirigente cada vez más exaltado, por creerse cada vez más iluminado de Dios.

P. ¿Qué es la soberbia?

R. Es un apetito desordenado de excelencia, de dos maneras: una es carnal y mundana, que pone su excelencia en bienes corporales, como en pertenencias, tierras, linaje, hermosura, altos puestos de trabajo, dinero, clase social, etc. Otra soberbia es espiritual, que se gloría de los bienes espirituales como ciencias y virtudes, dones y carismas, obras de misericordia, etc.

La soberbia tiene cuatro actos: El primero, atribuirse a sí mismo lo que es de Dios, como si fuera suyo, debido a su naturaleza o adquirido por cuenta propia, quitándole a Dios todo mérito. El segundo, aunque se piense que es de Dios todo lo que se tiene, se cree que Dios lo da porque se es muy bueno, cuando en realidad, es pura gracia. El tercero, pensar que se tiene muchos más bienes de los que en verdad posee, tanto en virtud, como en artes o en otros dones naturales o adquiridos, complaciéndose de ellos consigo mismo. El cuarto, es pensar que se es singular y excelente sobre todos, en los bienes que se tiene; o desear vanamente serlo, para que todos se le rindan y sujeten.

De la soberbia nacen muchos otros vicios con varios actos de pecado, los cuales podemos reducir a siete:
- El primero es su hija primogénita la vanagloria, que es un apetito desordenado de ser reconocido, estimado y alabado

por sus semejantes. Sus actos son: gloriarse de lo que tiene, como si no lo hubiera recibido de Dios; gloriarse de lo que de verdad no se tiene, o de cosa indigna de gloria, por ser mala o vil; desear vanamente agradar a los hombres, diciendo o haciendo cosas para que le alaben; alegrarse vanamente cuando se es alabado; saborearse al oír alabanzas, aunque sean falsas lisonjas (elogios, aplausos). Esta vanagloria es más abominable en materia de virtudes, porque es veneno dulce y ladrón secreto que las roba y destruye.

- El segundo vicio es la jactancia, cuyos actos son: alabarse a sí mismo, hablando de bienes que no tiene, o exagerando los que tiene, gloriándose (exaltar) de ellos, o descubriendo sin necesidad, los que deberían encubrir.
- El tercero es la ambición, cuyo desorden consiste en desear los bienes que no se merece o en buscarlos obsesivamente por malos medios, teniendo como fin la honra mundana.
- El cuarto es la presunción, alardeando (ostentando) de sí mismo cosas mayores de las que puede, y arrojándose a ellas temerariamente, por vanidad.
- El quinto es la hipocresía, fingiendo la virtud y la buena intención, que no tiene, para ser tenido por santo, y haciendo obras buenas con fingida bondad para este fin.
- El sexto es la protervia u obstinación en la maldad, anteponiendo su propio juicio al de los otros, aunque estos sean superiores.
- El séptimo es el desprecio de los demás, haciendo poco caso de ellos: primero de los menores, luego de los iguales, después de los mayores, hasta llegar a despreciar al mismo Dios. Porque la soberbia, como dice David (Sal. 75, 23), siempre va creciendo y así brotan innumerables pecados, discordias, desobediencias, maldiciones y blasfemias.

3. **Discerniendo los Dones del Espíritu Santo**

Para casi concluir con el tema referente al discernimiento de los carismas; hace ya varios años me encontré con el libro *Inventario de los Dones Carismáticos* del Instituto Catalina de Siena y lo comenzamos a utilizar sobre todo por el inventario (cuestionario) que ayuda para ubicar con cierta certeza los carismas que una persona puede tener o las áreas en las que puede desarrollarse más en su vida ministerial y pastoral. Algo que encontré de muchísima utilidad son los 4 criterios de discernimiento que presenta la hermana **Nancy Kellar, SC**., para discernir los Dones del Espíritu Santo. Un día visitando la página de internet del ICCRS me encontré un artículo publicado en 1998 por la misma hermana Nancy Kellar en el cual aparecen los 4 criterios con otros puntos descriptivos a considerar en nuestro proceso de discernimiento. Los presento en seguida:

- **Los carismas son reales,** nos señala que ella al enseñar sobre el discernimiento de los carismas, siempre enfatiza lo "reales" que son estos. Afirma que, los carismas no son el producto de una imaginación religiosa hiperactiva. A través de los carismas, el amor de Dios y su provisión pasa a través de la iglesia al mundo de formas específicas y más allá de las capacidades humanas. En presencia de un carisma de sanación, la gente se pone bien de formas que desafían toda expectativa. En presencia de un carisma de administración, el caos logístico se transforma en un orden lleno de gracia. En presencia de un carisma de misericordia, los rechazados y los que sufren experimentan un consuelo real y el amor de Dios de una manera notable.

- **Todos los cristianos bautizados han recibido el Espíritu Santo y pueden manifestar carismas,** aquí afirma que la

Iglesia claramente enseña que todos los cristianos reciben el Espíritu Santo a través del Bautismo y la Confirmación, es por esta razón que cristianos que nunca han estado implicados en la renovación carismática también pueden y de hecho experimentan los carismas.

- **Los carismas necesitan ser discernidos,** aunque suene redundante y repetitivo, es muy importante que este punto se enfatice una y otra vez, puesto que el discernimiento de un carisma es importante. Esta petición la encontramos en 1 Corintios 12, 14. Además en el Catecismo de la Iglesia Católica, los números 800-801 señalan que ningún cristiano recibe todos los carismas y que por lo tanto necesitamos discernir activamente los carismas específicos que nos han sido dados. A mí me gusta comenzar mis charlas sobre los carismas y el discernimiento de estos con la frase **"No todos servimos para todo pero todos servimos para algo" encontrar ese "algo" será la clave para la felicidad pastoral individual, del grupo, de la comunidad"**; porque me he encontrado una y otra vez personas que están en el ministerio equivocado sirviendo y las consecuencias que eso trae tanto para la persona (rechazo e incomodidad) como para el grupo o la comunidad (no hay progreso, tenemos una persona haciendo cosas que no hace bien y daña al menos en esa área el trabajo y el desarrollo del grupo o comunidad). En esta misma línea el **Padre Diego Jaramillo** en su libro *"Carismas y Ministerios"* nos dice como en la comunidad cristiana no se rifan los ministerios, afirma como estos deben basarse en los dones, carismas y cualidades que el Señor da a cada persona: La comunidad tiene que ayudar con la oracion, a descubrirlos, y las personas, con el estudio, con la preparación, con el trabajo, tienen que ir buscando y ayudando a que se afirmen y crezcan, y que colaboren en la vida del organismo. Por tal, quede claro que el carisma o talento que el Señor da son para trabajarlos, ampliarlos y ponerlos al servicio de los demás. Debemos descubrir las gracias que el Señor nos dio, y crecer en ellas.

El artículo de la hermana **Nancy Kellar** continua afirmando que ciertamente podemos pedir a nuestro Señor un carisma específico pero como observó el **Venerable John Henry Newman**; *"Dios me llama por mi nombre. Sabe lo que puedo hacer, lo que mejor puedo ser, cual es mi mayor felicidad y pretende dármela".* **(Meditaciones y Devociones, 8 marzo de 1818)**. El Espíritu Santo nos dará aquellos carismas que contribuirán a nuestra felicidad y nos prepararán para sus maravillosos propósitos. Confiar en su amor hacia nosotros en esta área puede ser difícil. La hermana señala como en el programa de discernimiento de dones que ella imparte, asisten personas para "conseguir" un don particular. A estos se les debe explicar que los carismas son regalos "gratis" que el Espíritu Santo da a quién quiere, cuándo quiere y cómo quiere, y que todo lo que podemos hacer, como ministerio, es ayudarle a discernir lo que Dios ya está haciendo en sus vidas.

- **Comienza por explorar y experimentar,** se puede empezar el discernimiento utilizando el Inventario Católico de Dones Espirituales o algún otro inventario para examinar rápidamente nuestra experiencia de vida y concretar los mejores puntos por dónde empezar. Después continuarán con la experiencia, es decir sumergidos en la oración se enfocan en una actividad o ministerio específico una y otra vez, y espera a ver lo que Dios hace como resultado.

Creo importante agregar a este apartado sobre qué hacer con los carismas lo que el **Mons. Alfonso Hinojosa.** En lo que él llama *"Nuestras Responsabilidades o Deberes";* respecto a estas dice que:

- **Debemos estudiarlos**, conocerlos bien, San Pablo comienza su reflexión sobre los carismas 1 Cor. 12, 1: con *"en cuanto a los dones espirituales, no quiero, hermanos, que estén en la ignorancia".* Muchas veces nosotros no nos aprovechamos de estos dones maravillosos, o los usamos mal, o hasta los destruimos en nosotros mismos o en otros cristianos, a causa de nuestra ignorancia acerca de ellos. En cambio, cuanto bien hará a nuestras comunidades y a toda la Iglesia el conocerlos bien.

- **Debemos desearlos**, aspirar a ellos, pedirlos al Señor y disponernos a recibirlos, especialmente los mayores, pues son dones del Señor y son para nosotros, no podemos rechazarlos o ignorarlos. Por otra parte, no son sino pequeñas manifestaciones del GRAN DON que hemos recibido que es el Espíritu mismo que Jesús da sin medida (Jn. 3,34), ¿Cómo no desearlos? *"Abre tu boca y yo la llenare"* nos dice el Señor en el Salmo 81, 12; y en Lc. 11, 13, Jesús dice: *"Si ustedes siendo malos, saben dar cosas buenas a sus hijos ¿Cuánto más el Padre Celestial dará el Espíritu Santo a los que se lo pidan?"*

- **Debemos ejercitarlos**, el Señor nos ha dado a todos algunos o quizás muchos de estos; no debemos tenerlos ociosos como el siervo malo y perezoso de la parábola de los talentos, sino ponerlos a trabajar que para eso se nos han dado, para que produzcan fruto y se multipliquen estas gracias que el Señor nos concede.

- **Debemos ponerlos al servicio de la comunidad**, pues para eso son, para la construcción de la Iglesia como nos lo señala el apóstol Pablo y como lo resaltan la mayoría de sus comentadores. Pues, la labor constante de la Iglesia en el mundo es la obra misma del Señor Jesús, es decir la edificación del Reino de Dios; pues bien, este es precisamente el fin de los dones carismáticos, de todos y cada uno de ellos; nosotros no podemos hacer distinciones y pretender que solo este o aquel carisma es útil en determinada circunstancia para edificar el Reino de Dios, el Señor es el único que tiene derecho a decidirlo. Mucho menos debemos prescindir de los dones del Señor y querer construir el Reino solamente con trazas meramente humanas, con técnicas, métodos, sistemas o recursos magníficos pero meramente humanos, de los cuales ciertamente no debemos prescindir, pero que de por si, no son los que construyen el Reino de Dios, recordemos el Salmo 126, 1 *"Si el Señor no construye la casa, en vano se afanan los albañiles."*

- **Debemos discernirlos**, pues el enemigo procura falsificarlos para apartarnos del Señor, para destruir su obra, para envanecernos, para dividirnos, etc.; pero aún en la vida cristiana ordinaria y sencilla, necesitamos aprender a oír la voz del Señor como el pequeño Samuel y así poder reconocer su obra y emplearlos con el fin con que son dados.

Otro punto a considerar que nos presenta el Mons. Hinojosa es lo que llama las condiciones del ejercicio de los carismas cuando nos habla del ejercicio de estos; respecto a estas condiciones nos señala tres, a saber:

- **Unidad**, en la que el Apóstol pablo insiste tanto al hablar de los carismas y usa la comparación del cuerpo: *"Como el cuerpo tiene muchos miembros y muy diversos entre sí, pero todos no forman sino un solo cuerpo, así Cristo."* Muchas veces en la historia del pueblo de Dios, algunos dones han sido motivos de división entre los cristianos; y el esfuerzo parece reducirse a veces a un loco certamen de carismas. De hecho como lo hemos señalado, este problema (la división) fue el motivo de varios capítulos de las cartas de San Pablo. En verdad, *"llevamos estos tesoros en frágiles vasos de barro"* (2Cor. 4,7).

- **Orden,** en nuestras reuniones de oracion, o de estudio de la Palabra de Dios, en nuestros planes y ministerios pastorales, en toda nuestra vida debe haber ORDEN, esto significa que cada cosa este en su lugar, así debe ser con los carismas también, pues todos vienen del mismo Señor que no es un Dios de confusión sino de Paz.

- **Decoro,** es decir, dignidad, seriedad, belleza, armonía. Desde luego que nada que sea torpe o grotesco viene del Señor, pero aun lo que viene de Él, podemos expresarlo mal, por ejemplo: alguien puede transmitir una expresión amorosa del Señor con palabras corrientes u ofensivas, o con un tono de voz agrio o amargado. Las cosas del Señor son siempre suaves, tranquilas, bellas, no debemos mancharlas con nuestras pasiones desordenadas; al contrario, los dones del Señor nos irán purificando de esas mismas pasiones y de todos nuestros problemas y situaciones.

- ... Por último el Mons. Hinojosa continuando con la línea del Apóstol Pablo nos indica como **la gran condición** de los carismas, sin la cual no producen sus frutos, no benefician a la Iglesia, pierden todo su valor, no sirven para nada**, es el AMOR.**

El artículo de la hermana Nancy Kellar termina presentado los 4 signos (criterios) básicos de un carisma que deberían estar presentes constantemente:

- **El primer signo-criterio es la EFECTIVIDAD,** *y yo generalmente afirmo que "lo que Dios da, lo da, bien dado"* la hermana Nancy nos dice que si se me ha dado un carisma de enseñanza, aquellos a los que enseño aprenderán y encontrarán el aprendizaje profundamente convincente y vivificante. Si tengo un carisma de hospitalidad las heridas escondidas de muchos se sanarán misteriosamente a través de mi; aparentemente sencillo acto de acoger y brindar amistad al extraño y al solitario. ¿Pero qué pasa si parece que NO HAY EFECTIVIDAD? En el taller que ofrece el Instituto Catalina de Siena "Llamados y Dotados" recalcan una verdad que si es bien entendida ya se ha ganado un buen de terreno, esta consiste en reconocer LO QUE NO ha dado o dotado el Espíritu Santo, hasta ahí ya es un éxito, porque te libera del peso de falsas expectativas y así poder entregarte y enfocarte cien por ciento a lo que Dios te está llamando y habilitando; al menos ya sabe por dónde no es y no le sigue intentando por ahí, aunque parece muy obvio y de sentido común en el proceso de discernimiento es un gran avance. Es cierto, el hecho de reconocer la ausencia de un carisma puede ser muy doloroso, especialmente para aquellos que han estado implicados en el ministerio activo o como dirigentes durante muchos años. Podemos estar tan metidos personalmente en una visión particular de nosotros mismos que perdemos o incluso voluntariamente ignoramos lo obvio. Recuerdo una mujer que conocí hace varios años que era parte, ¡ojo! por opción personal o respondiendo a un llamado que "ella creía" que el Señor le hacía de orar para pedir sanación por los enfermos y junto con otras mujeres iban a los hospitales y a los asilos de ancianos a orar por ellos. Sucedía que en el grupo, enfermo que oraban, enfermo que se les moría; en el hospital y en el asilo ya les tenían miedo. A la pregunta de ¿Quiere que oremos por usted? le seguía casi en automático la respuesta de "no gracias" se habían hecho una fama no muy buena. Sucedió que la señora de la que le hablo cayó enferma, así que ya no podía acompañar al grupo de mujeres; estas le pidieron que se quedara en casa, que por favor ofreciera el dolor de su enfermedad y su oración de intercesión tanto por el grupito de mujeres y por las personas que orarían en su visitas al hospital. ¡impresionante! ¿Qué cree? Se comenzaron a sanar algunos enfermos, una de las mujeres intuyó que la oración de intercesión de la mujer que estaba enferma ayudaba en su ministerio y le siguieron pidiendo que siguiera ofreciendo su enfermedad y su oración como intercesión por las personas que iban a orar para pedir sanación y los frutos no se hacían esperar. Ahora cuando llegaban al hospital, tenían fila, en fin, llego el día en que la mujer del grupo que intercedía desde su casa también mejoró notablemente de su padecimiento y sintiéndose con fuerzas y motivada por los testimonios de sus compañeras les dijo que ella quería volver a ir a orar por los enfermos "directamente"; ¿Qué creen? Se les comenzaron a morir otra vez; después de unas semanas de que se repitiera la sequía de frutos o testimonios, la hermana que había intuido el carisma de intercesión en la hermana cuando estaba enferma le pidió que no las acompañara, que se quedara en casa o fuera al santísimo y que desde ahí intercediera por las demás. ¿Qué creen que paso? Pues claro... la señora se indignó y enojada les dijo que quien eran ellas para decir qué dones tenía y qué dones no, un gran pleito. La señora no quiso reconocer el don que le había dado el Señor por aferrarse al que ella quería tener y que aparentemente no tenía. Esto pasa en muchos grupos de oración y en otros movimientos y ministerios de la Iglesia más de lo que usted se imagina. Hay personas que después de un buen curso-taller sobre carismas, con mucha humildad y oración sincera son capaces de ir abandonando poco a poco ese sueño de querer hacer lo que ellos quieren o creen tener y aceptar con gozo el verdadero carisma que Dios les ha concedido. Pero no es fácil, no.

- **El segundo signo-criterio es nuestra "propia experiencia"** yo le llamaría de **"satisfacción personal."** Para entenderlo mejor debemos de afirmar que Dios no nos da carismas como una especie de penitencia o de "cruz". Si estás ejerciendo un don espiritual o carisma generalmente te sentirás bien hacerlo, sentirás satisfacción y gozo, como dicen por ahí, te sentirás como pez en el agua, por qué sentirás como si ahí fuera donde realmente perteneces. Aunque hay que señalar que no necesariamente te sentirás así cada vez que ejerzas ese don, pero lo que generalmente sucederá es que te sentirás feliz y satisfecho. Entonces que quede muy claro: Los carismas no son cruces, son regalos de Dios; si usted es una persona que cada vez que le hablan para ejercer su don o carisma responde quejándose **"otra vez... en fin esta es mi cruz"** pues no, lo más seguro es que no tenga ese don o carisma. Algo muy importante a considerar es que algunas personas pueden tener al principio algunas experiencias negativas. La clave está en observar sus sentimientos durante un período más o menos extenso de tiempo, ¡semanas o meses, no solo unas horas! Y si tiene ese carisma le comenzará a tomar el gusto y a disfrutarlo, no padecerlo.

- **El tercer signo-criterio es la respuesta, afirmación o reconocimiento de los demás.** Es decir que el don o carisma tampoco pasa desapercibido para los hermanos de su comunidad o de la gente que usted sirve. Entonces puede ser que esta afirmación le llegue de manera directa o indirecta. Es maravilloso cuando la gente te da una respuesta directa como *"he aprendido tanto de su clase"* o *"me siento mucho mejor en mi situación después de hablarlo contigo"* o *"qué manera tan preciosa de cantar para Dios me ha llenado el corazón de paz y de la presencia de Dios"*. Muchas respuestas positivas, específicas a lo largo del tiempo se convierten en una afirmación real. Sin embargo, la afirmación puede llegar también de manera indirecta, si pone atención a lo que la gente le pide. ¿Hay gente que no conoces del todo y que de repente parece que se "abren" a ti y comparten sus

CAPÍTULO VII - DISCERNIENDO LOS CARISMAS

sentimientos y sus preocupaciones más íntimas? Si esto te pasa una y otra vez puede ser que tengas el carisma de "ánimo o de consolación". Si tu casa tiene la puerta abierta y pasa llena de gente que por una u otra razón siempre "le queda de pasada" puede ser que tengas el carisma de hospitalidad. Lo fascinante de todo esto es que otros a menudo reconocerán nuestros dones y nos pedirán lo que Dios nos ha concedido dar, incluso cuando nosotros no sepamos lo que es.

- **El cuarto y último signo-criterio es que la actividad en cuestión (el ejercicio del carisma) se convierte en una expresión íntima de mi relación con Dios.** Nos menciona la hermana Nancy como en una ocasión le pidió a una amiga con el don de administración si el organizar cosas era como una oración para ella. Y la respuesta firme y entusiasta fue un ¡Sí! Es por eso que todos los carismas, no sólo obviamente los sobrenaturales, como la profecía o la oración de intercesión, están íntimamente conectados con nuestra relación con Dios; entre más los ejerce, más cerca de Dios se siente o su relación progresa y va profundizándose. En esta línea, unas preguntas claves en el discernimiento que nos podemos hacer son: ¿Cuando estoy realizando esta actividad, es para mí como una oración? ¿He advertido un aumento o una profundización de mi fecundidad en esta área al ir creciendo en mi relación con Dios? ¿Cuándo más deseo vivir mi amor de Dios, ejercitas esta actividad en particular parece ser una de las maneras más naturales y obvias de expresar y vivir tu fe?

Los carismas rara vez se manifiestan todos a la vez, normalmente empiezan a manifestarse después de una experiencia de conversión o un despertar espiritual, pero rara vez lo hacen todos a la vez. Los dones del Espíritu Santo a menudo surgen como respuesta a circunstancias en la comunidad, el grupo de oración, el ministerio o la parroquia que necesitan urgentemente una obra específica de Dios. Por ejemplo, San Francisco Javier fue famoso por su ministerio de sanación en la India, que aumentaba grandemente su efectividad evangelizadora, pero no hay evidencia de que Dios le utilizara de ese modo antes de llegar a ese país.

Por lo tanto, una oportunidad maravillosa se extiende ante los dirigentes de la renovación. Podemos ayudar a todos los católicos a reconocer, nombrar, desarrollar, formarse y ejercitar sus carismas para el bien de la Iglesia y del mundo. *"No todos servimos para todo pero todos servimos para algo... encontrar, reconocer y ejercer ese algo es la clave de la felicidad personal y del éxito pastoral de muchos grupos de oración, movimiento, parroquias, etc."* Entonces... manos a la obra a escarbarle para descubrir aquellas gracias con las que el Señor nos ha dotado para servir de una manera efectiva y fructífera donde el mismo nos ha plantado.

CONCLUSIÓN

No podemos pasar por alto los carismas que el Señor nos ha dado... debemos pedirlos con fe y practicarlos siempre en el amor para que día a día se vaya construyendo el Reino de Dios que el mismo Jesús ya inauguró y que continua llevándolo a su término en el sentido de esa tensión escatológica entre ya está, pero todavía no. Además, es preciso señalar como nos menciona el Mons. Hinojosa: aunque todos oremos en lenguas y aunque tengamos hermosas profecías del Señor, sino estudiamos ordenada y metódicamente la Palabra de Dios, si no dedicamos tiempo concreto a la oración, a la instrucción, a las obras de misericordia, nuestras comunidades no saldrán de la mediocridad. El Señor nos da sus carismas para continuar su obra que el mismo lleva desde siempre, debemos usarlos y nuestro mundo, nuestras vidas se transformaran por la Obra del Señor, a quien pertenece y sea toda la Gloria y la alabanza por los siglos de los siglos, Amen. El Padre Forrest dice que hay algunas personas que rechazan y se oponen a los carismas, a lo que afirma: "¡Que orgullo!, si yo pudiera recibir un don para revelar mejor las maravillas de Dios aquí en la tierra, si yo pudiera recibir dones para manifestar la presencia y el poder de Dios, si yo pudiera recibir dones para entender lo que Dios quiere y espera de nosotros y a la vez poder comunicarlo de manera eficiente a los demás y con Dios mismo... pues ¡que vengan los dones!" cierra diciendo de sí mismo y con una carga de gran humildad en sus palabras: *"No soy nada, soy un bobo, soy un ignorante, soy un incapaz. Pero soy un dispuesto. ¡Úsame Señor!"* tal vez aquí este de alguna manera el sentido de lo que el apóstol quiere decirnos con la afirmación *"Por qué cuando soy débil, entonces soy fuerte."* Necesitamos de la gracia, de la presencia, de la asistencia de Dios, del poder del Espíritu Santo, porque sin Él... no somos nada, ¡Dios lo es todo! volvamos nuestros ojos y nuestros corazones a Él, la fuente de todo bien, de toda gracia, para que conforme a su bondad, misericordia y providencia siga dispensando sobre nosotros carismas para continuar nuestro caminar en esta vida y construir el Reino de Dios que Jesús vino a instaurar. Por esta vez me despido de ustedes, ha sido un honor compartir con ustedes esto que de una u otra manera a su vez he recibido de Dios… hasta la próxima. ¡Ven Espíritu Santo!

ANEXOS

Los textos principales del Nuevo Testamento que tratan de los "dones del Espíritu" o "dones espirituales" son los siguientes:

"Vosotros sois cuerpo de Cristo, y cada uno por su parte es miembro. En la comunidad, Dios ha establecido a algunos, en primer lugar, como apóstoles: en segundo lugar, como profetas; en tercer lugar, como maestros; luego, el poder de los milagros: luego, el don de las curaciones, de asistencia, de gobierno, diversidad de lenguas": I Cor 12, 27- 28.

"Pero, teniendo carismas diferentes, según la gracia que nos ha sido dada. Si es el don de profecía, ejerzámoslo en la medida de nuestra fe. Si es el ministerio, en el ministerio. La enseñanza, enseñando. La exhortación, exhortando. El que da, con sencillez. El que preside, con solicitud. El que ejerce la misericordia, con jovialidad " Rm 12,6-8.

"El mismo "dio" a unos el ser apóstoles; a otros, profetas; a otros, evangelizadores; a otros, pastores y maestros; para el recto ordenamiento de los santos en orden a las funciones del ministerio, para edificación del Cuerpo de Cristo, hasta que lleguemos todos a la unidad de la fe y del conocimiento pleno del Hijo de Dios, al

estado de hombre perfecto, a la madurez de la plenitud de Cristo": Ef 4,11-13.

"Que cada cual ponga al servicio de los demás el carisma que ha recibido, como buenos administradores de las diversas gracias de Dios. Si alguno habla, sean palabras de Dios. Si alguno presta un servicio, hágalo en virtud del poder recibido de Dios; para que Dios sea glorificado en todo por Jesucristo, para quien es la gloria y el poder por los siglos de los siglos. Amén": I Pe 4,10-11.

Ver además los siguientes textos: I Co 3,5.10: 7,7, 13,1-3; 14,6; 2 Cor 6,3. 12,1-12; Tit 1,5; I Tim 1,12; Mc 16, 17; Hech 6,4; 11,27. 13,1. 20,28.

BIBLIOGRAFÍA

Asurmendi, Jesús María (1991) *El Espíritu del Señor sobre el Rey* (Colección: El Espíritu Santo en la Biblia). Navarra, España Ed. Verbo Divino.

Bittlinger, A. (1976). *Gifts and Graces*. 1st Ed. Hodder & Stoughton Ltd.

Borragan, Vicente (1998). *Ríos de Agua Viva*, Madrid, España. Ed. San Pablo.

Brown, Fitzmyer & Murphy (1990). *The New Jerome Biblical Comentary.* Englewood Cliffs, New Jersey: Prentice Hall.

Cantalamessa, O.F.M. Cap. Raniero (2001) *The Mystery of Pentecost.* Translated by Glen S. Davis. Collegeville, Minnesota, The Liturgical Press.

Cantalamessa, O.F.M. Cap. Raniero (2005) *Sober Intoxication of the Spirit (Filled with the Fullness of God).* Translated by Marsha Daigle-Williamson, Ph.D. Cincinnati, Ohio, St. Anthony Messenger Press.

Cantalamessa, O.F.M. Cap. Raniero (2012) *Sober Intoxication of the Spirit Part Two (Born Again of Water and the Spirit).* Translated by Marsha Daigle-Williamson, Ph.D. Cincinnati, Ohio, St. Anthony Messenger Press.

Congar, Yves M. – J. (1991) *El Espíritu Santo.* Barcelona España, Editorial HERDER.

Collins, R. F. (Ed.). (1999). *First Corinthians.* (Sacra Pagina Series). Collegeville, MN. Liturgical Press.

DeGrandis, R. (1984). *El Don de Lenguas.*

Fee, G. (Eds.). (1987). *Primera Epístola a los Corintios.* 1st Ed. Grand Rapids, MI.: Erdmann's Publishing Company.

Forrest, Tomas. *Dones Carismáticos para la Iglesia.* México, D.F. Publicaciones Kerigma, S.A. de C.V.

Hinojosa, B. Alfonso, Mons. *Los Dones Carismáticos.* (Colección Neuma No. 82 Centro Carismático Minuto de Dios). Bogotá – Colombia, Edición: Editorial Carrera 7ª.

International Catholic Charismatic Renewal Services. (2012) *Baptism in the Holy Spirit.* Vatican City.

Jaramillo, Diego, Eudista. (2009). *Carismas y Ministerios.* (Colección Neuma No. 106). Bogotá – Colombia, Corporación Centro Carismático Minuto de Dios.

Kovacs, J. L. (Ed.). (2005). *1 Corinthians* (The Church's Bible). Grand Rapids, MI: Erdmann's Publishing Company.

Orr, W. F. & Walther, J. A. (1976). *1 Corinthians.* New York: Doubleday Dell Publishing Group.

P. Philippe, O.S.B. *Los Carismas (Segunda Parte).* México, D.F. Librería Parroquial de Clavería, S.A. de C.V.

Suenens, Leon Joseph Cardinal (1978) *Malines Document 2. Ecumenism and Charismatic Renewal: Theological and Pastoral Orientations.* London, Great Britain, The Anchor Press.

Thiselton, A. C. (2000). *The NIGTC (The New International Greek Testament Commentary): The First Epistle to the Corinthians.* Grand Rapids, MI.: Wm. B. Eerdmans Publishing Company.

Thiselton, A. C. (2006). *1 Corinthians, A Shorter Exegetical & Pastoral Commentary.* Grand Rapids, MI.: Wm. B. Eerdmans Publishing Company.

OTROS RECURSOS

http://www.ewtn.com/spanish/preguntas/renovacion_carismatica.htm

1998 Boletín de ICCRS, Vaticano, Europa.

Discursos del Beato Juan Pablo II, De la página Web del Vaticano: www.vatican.va

Documentos del Concilio Vaticano II y otros documentos (Encíclicas, Exhortaciones Apostólicas, etc.) tomados de la página Web del Vaticano: www.vatica.va

Para otras obras (libros o conferencias en audio) del mismo autor favor de visitar la página web: www.seranlosdosuno.com

PARA CONFERENCIAS, TALLERES, PEDIDOS O COMENTARIOS FAVOR DE CONTACTARME:

José Juan Valdez, MA.
Tel. 281-748-0851
valdeus77@gmail.com
www.seranlosdosuno.com

**Prohibida su reproducción total o parcial sin el permiso
por escrito otorgado por el autor.**

Made in the USA
Charleston, SC
01 February 2015